Rom

auf unvergessliche Art

FÜHRER ZU 100 MEISTERWERKEN

Die Illustrationen dieses Bandes wurden von dem ARCHIVIO SCALA gestellt, der weltweit bedeutendsten Quelle für Farbaufnahmen und digitales Bildmaterial im Bereich der bildenden Kunst.

Die 200 000 Abbildungen können problemlos und schnell durch computerisierte Verfahren zur Bildsuche auf der Webseite
www.scalarchives.com
abgerufen werden

e-mail: archivio@scalarchives.com

Übersetzung: Helga Maria Marcks
Karten: Igor Trovato

Fotografien: Photo SCALA, Florenz
außer Seite 22 (© Michael S. Yamashita/ CORBIS), 23 (© Arte & Immagini srl/ CORBIS), 74-75 (ADP - su Licenza Fratelli Alinari), 76-77, 124 (© FOTO Vasari, Roma), 125 (Corbis), 172-179 (Foto Musei Vaticani), 216-217 (Bildarchiv Monheim).

ISBN: 978-88-8117-442-3

Gedruckt von: Grafiche Flaminia,
Foligno (PG), 2011

Rom
auf unvergessliche Art

FÜHRER ZU 100 MEISTERWERKEN

Texte von *Giovanna Uzzani*
Herausgegeben von *Claudio Strinati*

SCALA

Einleitung

„Man muss erkennen, wie Rom auf Rom folgte, und nicht nur das neue auf das antike, sondern die verschiedenen Epochen von der neuen bis zur antiken, eine über der anderen". So schrieb 1786 ein illuster Tourist namens Johann Wolfgang Goethe, der erahnt hatte, wie die Kultur seiner Zeit von jener der Vergangenheit und die der Vergangenheit von einer noch älteren herkam. In Rom hat man bei den unendlich vielen Möglichkeiten, die sich einem beim Besuch der Stadt bieten, einen roten Faden, der alles miteinander verbindet: die Antike. Es ist die Klassizität in all ihren Formen, die das konstante Bezugselement der bildenden Kultur Roms darstellt. In Rom gibt es Orte, an denen man denkt, die Zeit sei stehen geblieben. Man kann hier schlendern und voller Bewunderung vor antiken Monumenten oder deren noch immer imposanten Ruinen stehen bleiben und dabei die Dimension der Vergangenheit wieder lebendig werden lassen. In der außergewöhnlichen Kontinuität im Leben der „ewigen Stadt" haben die Jahrhunderte, die darin geschehenen Ereignisse und die Menschen das städtische Antlitz geprägt und stetig verändert. Einige antike Bauten sind noch heute erhalten oder im Gedächtnis geblieben, andere sind in ihrer Bedeutung verkannt oder bezüglich ihrer Funktion umgewandelt worden, wie z.B. die Tempel, die zu christlichen Kirchen wurden. Andere Gebäude sind ihrem Schicksal überlassen worden und mit der Zeit unter archäologischen Schichten verborgen geblieben, bis sie dank antiker Quellen oder einfach auch nur durch nötige Bauarbeiten in der modernen Stadt wieder ans Tageslicht geholt wurden. Zum Teil sind ganze Komplexe bewusst ausgelöscht worden, um neue städteplanerische Projekte realisieren zu können. Seit der Spätantike wurden nicht wenige abgebaut, um die dort vorhandenen Materialien, wie den kostbaren Marmor oder auch Metalle, zur Erbauung neuer architektonischer Schmuckstücke wieder zu verwenden, wie z.B. bei den barocken Kirchen. Auch hat die sich ausdehnende Metropole viele Monumente in sich eingeschlossen, die einst am Stadtrand oder sogar außerhalb lagen. Entlang der Konsularstraßen kann man inmitten von modernen Gebäuden oder Grünflächen beeindruckende archäologische Gebiete bewundern.

Besucht man das Innere einiger Gebäude, so erzählen sie einem die gesamte Geschichte der städtischen Baukultur, vom Mittelalter bis heute. Ein mittelalterlicher Kirchturm kann eben einfach inmitten einer Barockansicht stehen, ein schlichtes Renaissanceportal neben einem pompösen Rokokobalkon, ein romanisches Kapitell auf einer klassischen Säule. Sollte man jedoch das Antlitz, den Stil und die „Form" der modernen Stadt Rom in einem einzigen Wort zusammenfassen müssen, dann käme man nicht umhin, den Begriff „Barock" anzuwenden. Carlo Maderno,

Gian Lorenzo Bernini und Francesco Borromini waren die Baumeister, die das Profil der Stadt am stärksten verändert und neu erschaffen haben. Der Barockplatz veränderte die gesamte städtische Struktur. Die Fassaden der Kirchen, der Paläste und der Monumentalgebäude wandten sich ihm zu und ließen ihn zum Schauplatz der vergänglichen Form der Stadt werden. Hier trafen die Massen anlässlich von religiösen Festen, zu Theateraufführungen und Musikveranstaltungen zusammen, hier wurden die Zeremonien zur Ernennung von öffentlichen und mächtigen Personen gefeiert. Im Laufe der städtebaulichen Veränderung der Plätze im Barockstil spielen die Brunnen eine ganz wesentliche Rolle, ganz besonders die von Bernini. Das Geplätscher, die Bewegung und das Glitzern des Wassers prägen diese „Schöpfungen der Natur". Sie sind ein Sinnbild für Vitalität und Energie. Emblematische Beispiele sind dafür die Bacciccia auf der Piazza di Spagna, die Fontana del Tritone auf der Piazza Berberini, eine „Zurschaustellung" des Aquädukts vom Glücklichen Wasser, oder auch die Fontana dei Quattro Fiumi auf der Piazza Navona. Das Barock der Stadt erhielt sich die Jahrhunderte über trotz aller darauf folgenden Veränderungen. Im 18. Jahrhundert lebte es neben des Erfindungen des Neoklassizismus her, es erneuerte sich in der bürgerlichen Baukunst des 19. Jahrhunderts und gesellte sich zum schlichten Rationalismus des 20. Jahrhundert, um auch heute noch viele zeitgenössische Architekturexperimente zu beeinflussen. Das Vorbild der Antike ist bei allen Kunstwerken zu spüren, sei es bei den Palazzi, den Kirchen oder auch in den Museen der Stadt. Sie durchzieht alle auf sie folgenden Stile. So erkennt man Spuren der Antike in den Fragmenten des Mittelalters ebenso wie bei der erlesenen Kunst des 15. Jahrhunderts, wie man sie bei den Fresken und Grabmälern in den Kirchen und im Herzen der Papstmacht bewundern kann - den Vatikanischen Palästen. Das Antike ist Maß und Form der großen Renaissancekunst: bei der Malerei eines Raphael ebenso wie in den Werken Michelangelos. Und auch im 17. und 18. Jahrhundert, als die Wohnsitze der Adligen und die Kirchen jene Erneuerung in der Dekoration erfuhren, die noch heute als Kennzeichen, als Form und als Bild von Rom zu sehen ist. Noch nicht einmal Caravaggio blieb davon verschont, der genau hier seine realistische Revolution einleitete. Der Neoklassizismus, die Epoche der Grand Tour und schließlich die akademische Kultur des frühen 19. Jahrhunderts waren noch einmal die Wiege der Kunst. Im Schatten der Antike und anhand von Renaissancetexten bildeten sich hier die Künstler aus ganz Europa aus und hinterließen ihre Kunstwerke. Als die romantische Revolution und der Zusammenbruch des Kirchenstaates stattfanden, wendete sich alles Richtung Paris und London. Rom verlor seine zentrale Bedeutung, blieb jedoch Bezugspunkt von den Präraffaeliten zur Art nouveau, von der Monumentalkunst zur Zeit des Faschismus bis zum Expressionismus und der Abstrakten Kunst des 20. Jahrhunderts Um die Vielfältigkeit der Kunst in Rom vom Mittelalter bis zum 20. Jahrhundert zu entdecken, muss man sich in den Farben und Formen der noch in den Kirchen erhaltenen Werke verlieren. Man muss sich in den Prunk der großen Sammlungen aus dem 17. und 18. Jahrhundert in den Palazzi und Villen der Aristokratie hineinbegeben oder die Geschichten der unzähligen Kunstwerke in den Museen auf sich einwirken lassen. So verknüpfen sich die Fäden einer einzigartigen Kultur zu einem unwiederbringlichen Zeichen einer zeitlosen Kunst.

Innenstadtviertel: Palatin, Esquilin und Oppio

1. **San Giovanni in Laterano**
2. **Quattro Santi Coronati**
   Die Geschichten des Heiligen Sylvester, Oratorium von San Silvestro
3. **San Clemente**
4. **Kolosseum**
5. **Konstantinbogen**
6. **Domus Aurea**

7-8. **San Pietro in Vincoli**
   Michelangelo, *Moses*

9. **Basilika von Maxentius**
10. **Kaiserforen**
11. **Trajansmärkte**
12. **Forum von Caesar**
13. **Trajanssäule**
14. **Quirinale-Palast**
    Melozzo da Forlì, *Fresken*
15. **Sant'Andrea al Quirinale**
16. **San Carlo alle Quattro Fontane**
17. **Barberini-Palast**
    Pietro da Cortona, *Triumph der Göttlichen Vorsehung*
18. **Santa Maria della Vittoria**
    Gian Lorenzo Bernini, *Verzückung der Heiligen Theresa*, Cornaro-Kappelle
19. **Das Römische Nationalmuseum**
20. **Santa Prassede**
    Mosaike

21-22. **Santa Maria Maggiore**
   Mosaike

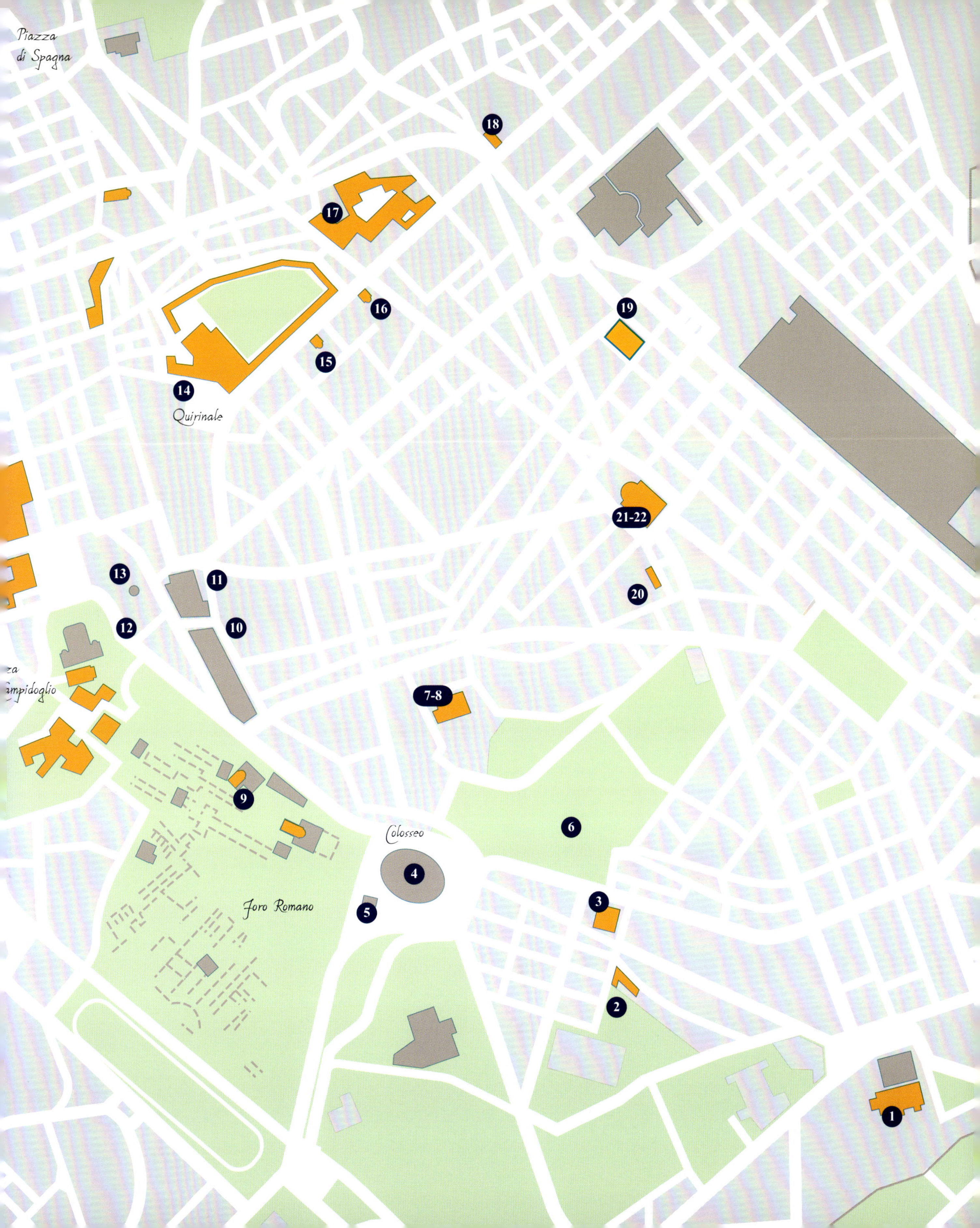

Piazza di Spagna
18
17
16
19
15
14
Quirinale
21-22
13
11
20
12
10
za
mpidoglio
7-8
9
6
Colosseo
4
Foro Romano
5
3
2
1

San Giovanni in Laterano

Der Lateran war der Sitz des ersten Monumentalkomplexes der Römischen Kirche. Auf den Ruinen eines Gebäudes, das einer einflussreichen römischen Familie, den Laterani, gehört hatte, entstanden zur Zeit von Konstantin der Papstpalast, die Basilika und das Baptisterium, d.h. das so genannte Patriarchio, das nicht nur Repräsentanzzwecken diente, sondern auch als Residenz, zur Verteidigung und zur Verwaltung der Kurie des Pontifex. Hier residierte der Papst mit allen seinen Würdenträgern und seinem Hof bis 1300, als Bonifazius VIII. das erste Heilige Jahr ausrief. Ihm stand hier eine kleine Kapelle zur Verfügung, die heute noch zum Teil besteht und den Namen Sancta Sanctorum trägt. Das von Konstantin 318 n. Chr. errichtete Gebäude, geht auf ein Gelübde zurück, das der Kaiser nach dem Sieg über Maxentius ablegte. Es ist Christus dem Erlöser geweiht und ähnelt der Anlage nach der antiken Sankt Petrus Kirche. Es muss sich schon damals um einen großen, fünfschiffigen Raum gehandelt haben, der durch mächtige Säulen unterteilt war. Die Basilika des Konstantin wurde im Laufe der Jahrhunderte mehrfach beschädigt und daher oft restauriert. So auch durch Francesco Borromini, der der Basilika ihr definitiven Aussehen verlieh. In Wirklichkeit ist die monumentale Fassade von San Giovanni in Laterano ein Versuch der Synthese von mehreren Baustilen. Hier sind große Pfeiler mit uneinheitlichen Kapitellen, hinter denen sich fünf Eingangstore eröffnen. Sie entsprechen den fünf Schiffen der Kirche. Die fünfte, die eingemauerte Tür rechts mit dem Kreuz, ist die Heilige Tür, die nur alle 25 Jahre für das Heilige Jahr geöffnet wird. Bei den räumlichen Proportionen entspricht die Borromini-Kathedrale ganz dem spätantiken Gebäude. Als Papst Innozenz X. im Jahre 1650 Borromini den Auftrag für die Restrukturierung erteilte, sollte der Architekt die ursprüngliche Struktur der Basilika beibehalten und dabei auch das Holzdach, die Aufteilung in fünf Schiffe und den nach Art der Kosmaten geschaffenen Boden von Martin V. erhalten. Borromini entwarf daher ein großes Mittelschiff, das sich an den Seiten durch fünf große Bögen öffnete. In die gigantischen Pfeiler wurden die Säulen des konstantinischen Komplexes eingegliedert. Heute ist der Platz vor der Kirche das Ziel von Pilgern und Touristen aus aller Welt. Er ist einer der Orte in der Stadt mit der größten historischen Bedeutung und gehört vielleicht auch mit zu den, durch die moderne Stadtentwicklung am meisten beeinträchtigten. Hier stehen monumentale Zeitzeugnisse nebeneinander, die fast eine Synthese der römischen Baukultur darstellen, von dem ägyptischen Obelisken zu den sichtbaren Resten der Kaiserzeit, vom Frühchristentum zur Romanik, von der Spätrenaissance zum Barock, vom Historismus des 19. Jahrhunderts zum 20. Jahrhundert.

ANNO·V·
CHRISTO·SALVATORI·
IN·HON·SS·IOAN·BAPT·ET·EVANG·

2

Die Geschichten des Heiligen Sylvester
Quattro Santi Coronati, Oratorium von San Silvestro

Das Oratorium San Silvestro ist in den Komplex der Basilika der Quattro Santi Coronati eingefügt. Es wurde 1246 Kardinal Rinaldo, dem Bischof von Ostia, gewidmet. Die Fresken sind ein wahrhaft politisches, leicht lesbares Manifest, welches das Primat des Papstes über die Kaiser vor Augen führen sollte. Es entstand zu einer Zeit, in der sich die Kirche durch Friedrich II. in einer schwierigen Lage befand. Die darin zu lesende Botschaft an die Gläubigen begann gleich bei den Darstellungen, die man beim Eintreten in der Lünette der ehemaligen Eingangsfront zu sehen bekam. Man sieht hier den Thronenden Jesus neben der Jungfrau, dem Heiligen Johannes und den Aposteln in zwei Sechsergruppen. Darunter dominiert das Bild mit Christus als Richter. Die Legende von Konstantins Bekehrung durch Sylvester I. (Papst von 314 bis 335) sieht man in den Bildfeldern darunter, eingerahmt von verflochtenen Kreismotiven, in denen Büsten der Propheten sowie Blätter gemalt sind. Sylvester tauft den Kaiser, indem er ihn in ein großes Becken taucht. In der darauf folgenden Szene, dem Höhepunkt der Erzählung, reicht der kniende Konstantin dem auf dem Thron sitzenden Sylvester die Symbole der päpstlichen Macht. Der Hofstaat sieht dem Ganzen zu. Es wurde bemerkt, dass dieser Zyklus, trotz einiger Elemente der damaligen römischen Kunst, noch ganz dem byzantinischen Stil folgt. Der unbekannte Meister erzählt auf lebendige Art und Weise, fast als sei es ein Märchen. In einigen Fällen ist er bei der Darstellung der Gefühle der Personen geradezu expressionistisch, wie z.B. bei den um Gnade für ihre Kinder bittenden Müttern, die sie vor dem Opfertod retten wollen oder das von Krankheit schmerzverzerrte Gesicht des schlafenden Konstantin. Präzise ist auch die Zeichnung der dekorativen Einzelheiten, wie die kostbaren Gewänder des Kaisers oder die architektonischen Hintergründe, die bei aller Verflachung, eine realistische Darstellung des Umfelds erzielen will.

Die Konstantinische Schenkung.

Drei Boten erreichen den Papst.

San Clemente

In der zu Beginn des 12. Jahrhunderts wieder erbauten San Clemente Basilika befinden sich Malereien aus der ersten frühchristlichen Basilika. Auch sind die Mosaike in der Apsis und im Bogen noch fast vollständig erhalten. In dem auf das Ende des 11. Jahrhunderts zurückgehenden Freskenzyklus, der sich in der heutigen Unterkirche befindet, wird vor allem der Namensgeber der Kirche verherrlicht: der Märtyrerpapst der Urkirche, Klemens. Die Episoden aus dem Leben des Heiligen sieht man im Hauptschiff. Der Zyklus schließt auch andere Heilige mit ein, wie z.B. den Heiligen Alexius. Man fand die Fresken bei Ausgrabungsarbeiten Ende des 19. Jahrhunderts. Sie sind ein bedeutendes Zeugnis der figurativen Kunst im 11. und 12. Jahrhundert in Rom. Sie zeigen, wie die frühchristliche Kirche einmal aussah. Der Zyklus führte Neuheiten in die römische Malerei Ende des 11. Jahrhunderts ein, wie z.B. eine intensive Erzählweise oder auch eine ausdrucksbetonte Deformation zur Unterstreichung der Gefühle – das alles eingebettet in einen bunten Naturalismus. Er belegt auch eine anspruchsvolle Wiederaufnahme der Katakombenmalerei, wie man es sowohl an der expressiven und dynamischen Linienführung erkennt, als auch an der im frühchristlichen Sinne vollführten Erneuerung der dekorativen Partien in vorherbestimmten architektonischen Rahmen. In der

Das Innere der Basilika und Ansicht der Apsis.

Apsiskuppel sind noch immer außerordentlich gut erhaltene Mosaike zu sehen. Dort ist das Kreuz als Lebensbaum auf dem Gipfel des Paradieshügels dargestellt. Man sieht Tauben als Symbol der Seelen und an der Basis des Kreuzes zwei elegante Hirsche, die sich am Fluss laben, neben einem Phoenix, dem Symbol für die Unsterblichkeit. In der Mitte der Szene mit der Kreuzigung existiert eine direkte und explizite, wenngleich modernere Darstellung neben einem abstrakten und hieratischen Symbolismus. Über dem Lebensbaum ist die Hand Gottes in einer von Sternen geschmückten Kugel abgebildet. Sie bezeichnet die Glorie des Herrn. In der Basilika ist auch ein kostbarer Freskenzyklus aus der Renaissance von Masolino da Panicale. Er zeigt in der Kapelle der Heiligen Katharina die Geschichten der Heiligen Katharina und des Heiligen Ambrosius und basiert bereits auf Brunelleschis Erkenntnissen hinsichtlich der Perspektive. Dank des geschickt abgetönten Lichtes und der Tendenz zu einem schönen Naturalismus, wie man ihn an der zarten Modellierung der Körper erkennt, ist das Werk erlesen und elegant.

Masolino, *Das Martyrium der Heiligen*, Geschichten von der Heiligen Katharina, Kapelle der Heiligen Katharina.

4

Kolosseum

Seit seiner Erbauung hat das grandiose Amphitheater Flavio das Antlitz von Rom geprägt. Noch heute dominiert es das antike Zentrum. Seine mit Bögen verzierte Vorderseite wurde als bühnenreifer Hintergrund für die Via dei Fori Imperiali gewählt. Es war das erste Amphitheater von monumentaler Größe, das in Rom entstand. Zu republikanischen Zeiten wurden die Gladiatorenkämpfe im Form romanum ausgefochten, wo jeweils provisorische Holzstrukturen aufgebaut wurden. Aus dem auf Neros Tod im Jahre 69 n. Chr. folgenden Bürgerkrieg ging Vespasian, der Begründer der Flaviadynastie, als Sieger hervor. Mit einer kohärenten Politik beschloss der neue Kaiser die immensen städtischen Flächen und alle von Nero angeeigneten Kunstwerke dem Volk zum Zweck der Belustigung zurückzugeben. Die Bewohner von Rom mussten die Erbauung des großen Amphitheaters in der Mitte des Tals, wo früher ein von Nero angelegter künstlicher See war, sehr zu schätzen wissen. Der im Jahr 70 n. Chr. beendete Jüdische Krieg hatte die Zerstörung des Tempels in Jerusalem mit sich gebracht. Er lieferte die Beute und die Arbeitskräfte für den Bau des Kolosseums. Es war der Sohn von Vespasian, Titus, der das Amphitheater 80 n. Chr. mit denkwürdigen Feierlichkeiten einweihte. Sie dauerten ganze 100 Tage. Das Amphitheater Flavio übertraf an Größe und Monumentalität alle bisher errichteten und so ist es auch bis

heute geblieben. Es war 52 m hoch und ist heute noch an der Nordseite, zur Via dei Fori Imperali, erhalten. Das Äußere war mit Statuen in den Bögen und Bronzeschildern an den Fenstern der Attika dekoriert. Im Innern waren die Plätze präzise zugeteilt, je nach Gesellschaftsschicht. Das hatte Augustus für derartige Spektakel festgelegt. Das Kolosseum hatte ein ausgeklügeltes System von Wasserleitungen, die sowohl die Bäder als auch die zahlreichen, zur Erfrischung der Zuschauermassen dienenden Brunnen mit kühlem Nass speisten. Es gab diverse Arten von Spektakel: den Gladiatorenkampf Mann gegen Mann, die Jagd auf wilde oder exotische Tiere, Seeschlachten oder Hinrichtungen durch reißende Tiere. Letzteres war vor allem Christen zur Zeit der Verfolgung vorbehalten. Die Verlierer konnten den Veranstalter um Gnade bitten. Der entschied zumeist je nach Zuschauerstimmung. Als das Gebäude seine Funktion verlor, verfiel es mit der

Zeit. Im Mittelalter gab es hier sogar Wohnunterkünfte und eine Festung. Die Marmorverkleidungen wurden systematisch abgebaut. Erst in der Renaissance wurde das Kolosseum zum Symbol der antiken Größe Roms.

Konstantinbogen

Der Triumphbogen als Denkmal zur Verherrlichung von Taten und Siegen der Konsuln zur Zeit der Republik und später auch der Kaiser war in Rom sehr verbreitet. Daher findet man sie auch heute noch überall. Die Bögen, die meist im Laufe der Jahrhunderte eine architektonische und stilistische Weiterentwicklung erfuhren, standen fast immer an einer Wegkreuzung oder bildeten der Eingang zu einer Denkmalszone. Die blutige Schlacht an der Milvischen Brücke vor den Toren Roms am 28. Oktober 312 n. Chr. entschied darüber, wer die absolute Herrschaft über das Kaiserreich haben sollte, Konstantin oder Maxentius. Um Konstantins Sieg und den Tod des Gegners zu feiern, errichte man im Tal des Kolosseums, zwischen dem Amphitheater und dem Forum romanum auf der antiken Triumphstraße einen Bogen mit drei Durchgängen. Es handelte sich dabei um den größten, jemals in Rom errichteten. Man verzierte ihn mit Reliefs und Skulpturen. Das grandiose Monument symbolisierte lediglich den Ritus des feierlichen Eintritts des Kaisers nach Rom. In der Nacht vor der entscheidenden Schlacht hatte Konstantin die berühmte Vision vom Kreuz mit der Schrift „in diesem Zeichen wirst du siegen" gehabt, weswegen er das Monogramm Christi auf den Schilden seiner Soldaten anbringen ließ und damit die Wende zugunsten des Christentums einläutete. Der Konstantinbogen ist 21 m hoch und wurde aus weißen Marmor errichtet. Er hat drei Durchgänge, von denen der mittlere der größte ist. Flankiert ist er durch korinthische Säulen in antikem Gelb. Weil es Brauch war, Bildhauerwerke oder Strukturen aus vergangenen Epochen wieder zu verwenden, wurden zur Verzierung Gedächtnisstatuen aus dem 2. Jahrhundert n. Chr. angebracht. Seitlich der Inschriften an der Attika sind rechteckige Reliefs von einem ursprünglich Mark Aurel gewidmetem Triumphbogen angebracht, vier an jeder Seite. Auf die Zeit von Trajan gehen die acht dakischen Gefangenen zurück, die in der Attika auf Höhe der Säulen stehen Ebenfalls zu sehen sind vier, aus einem großen Fries herausgeschnittene Platten mit Schlachtszenen. An den Seitenflächen der Attika und im Innern des Durchgangs sind Inschriften für den „Begründer des Friedens" und den „Befreier der Stadt". Sie beziehen sich auf Konstantin, den Sieger über Maxentius.

6

Domus Aurea

64 n. Chr. zerstörte ein verheerender Brand, an dessen Ausbruch Kaiser Nero wohl nicht ganz unbeteiligt war, einen Großteil von Rom. Der Wiederaufbau der Stadt fand zur gleichen Zeit wie die Erbauung der grandiosen Residenz von Nero statt. Dabei wurde ein beträchtlicher Teil in eine riesige Residenz umgewandelt, fast eine Stadt in einer Stadt. „Ein ganzes Haus erhob sich da in Rom", schrieb Marziale. Sueton berichtet von Spottversen, die in der von Staunen ergriffenen Stadt allseits angeschlagen waren: „Rom wird ein Haus! Wandert aus nach Veio, Quiriti, es sei denn dieses Haus erreicht sogar Veio." Die Residenz sollte eine Fläche von 60 bis 80 Hektar abdecken. Sie erstreckte sich vom Palatin zur Velia, wo das Vestibül mit dem Bronzekoloss war, und vom Hügel Oppio bis zum Tal des Kolosseums und Caelius. Die Domus Aurea bestand nicht aus einem einzigen Palast, sondern aus unterschiedlichen Pavillons, die durch Laubengänge und Terrassen miteinander verbunden waren. Sie wurden auf weitläufigen Flächen inmitten von gepflügten Feldern, Weinbergen, Wiesen, Weideflächen und Wäldern voller Tiere angelegt, so wie es zu jener Zeit gerade eine weit verbreitete Typologie für Villen außerhalb Roms war. Der Bau stand oberhalb einer Reihe von Terrassen, die vom Tal mit dem künstlich angelegten See am Kolosseum zu den Hängen des Oppio aufstiegen. Kern des Gesamtkomplexes waren Räume, die strahlenförmig um den Saal und das zentrale Nymphäum angelegt waren. Die mit Marmor verkleideten Wände betonten die Helligkeit und erzielten den Effekt von Leichtigkeit.

Besagtes Achteck war vielleicht der in Quellen beschriebene runde Bankettsaal, wo ausgeklügelte Mechanismen Tag und Nacht stets neue Bilder im Rotationsverfahren zeigten. Bei der Ausschmückung der Räume verfolgte man mit dem umfangreichen Einsatz von Blattgold bei den Fresken und Stuckarbeiten Neros ideologisches Programm. Das sah die Zentralität des Kultes um den Sonnengott vor, mit dem der Kaiser sich identifizierte. Auch sollte damit eine neue goldene Ära eingeleitet werden, wie der Name des Palastes schon sagt.

Ansicht vom Nymphäum des Polyremus.

Ansicht des Oktagon-Saals.

San Pietro in Vincoli

Der Legende nach sollen Eudossia, der Frau von Kaiser Valentinian III., die Ketten geschenkt worden sein, in die der Apostel Petrus in Jerusalem gelegt worden war, um sie dann ihrerseits dem Heiligen Leo Magnus zu vermachen. Der soll sie dann an die Ketten gehalten haben, mit denen der gleiche Apostel in Rom gefesselt worden war, was dazu führte, dass sie wie durch ein Wunder miteinander verschmolzen. Noch heute sind sie hier in der Basilika von San Pietro in Vincoli aufbewahrt. Im Untergeschoss kann man die frühchristlichen Ursprünge des Komplexes erkennen, während der überirdische Teil der Basilika durch die Renaissance geprägt ist. Der imponierende Portikus aus dem 15. Jahrhundert wurde mit 20 dorischen, antiken Marmorsäulen geschaffen. Im Innern der Basilika befinden sich Malereien aus dem 15. und 16. Jahrhundert von Antoniazzo Romano, Domenichino und Guercino. Im rechten Querschiff erhebt sich mächtig das von Michelangelo für Papst Julius II della Rovere geschaffene Mausoleum. Heutzutage kann man es wieder in genau dem architektonischen Rahmen sehen, den Michelangelo dafür vorgesehen hatte, als er eine große Lünette hinter dem Monument öffnete, um der Skulptur durch dieses hell herein strömende Licht eine mystische Aura und starke Hell-Dunkel-Effekte zu verleihen. Im Laufe des 18. Jahrhunderts war diese Lichtquelle durch opalfarbene Fenster verschlossen worden, die den Effekt des gesamten Marmorkomplex verflachen ließen und ihn auf ein ganz gewöhnliches Grabmal reduzierten. Dank kürzlich erfolgter Restaurierungsarbeiten ist außerdem ein Fresko aus dem Mittelalter wieder gefunden worden, das sich hinter dem Grabmal von Julius II. befindet, und zwar dort, wo sich die Sakristei eröffnet. Durch den Eingriff von Michelangelo war es verdeckt worden.

8

Michelangelo, der Moses
San Pietro in Vincoli

Der von Michelangelo heiß ersehnte Auftrag für das grandiose Grabmal von Julius II. wurde schon bald zu einer „Tragödie“. Das lag an den ständigen Unterbrechungen und den unzähligen Veränderungen, die er beim Originalentwurf hinnehmen musste. Michelangelo begann die Arbeiten mit großem Enthusiasmus und schuf ein erstes Projekt, demzufolge das Grab aus einem dreistöckigen Mausoleum mit 40 Marmorstatuen und Bronzereliefs bestehen sollte. Moses sollte dabei das Pendant zu der Statue vom Heiligen Petrus werden, als Symbol für das Mysterium der Offenbarung Gottes. Nachdem er längere Zeit in Carrara verbracht hatte, um die Marmorblöcke auszuwählen und gleichzeitig Entwürfe und Studien anzufertigen, war er schließlich gezwungen, das Ganze abzubrechen, um sich den Arbeiten am Petersdom zu widmen, denen Julius II. neben den Arbeiten am Gewölbe der Sixtinischen Kapelle absoluten Vorrang einräumte. Beim Tode des Papstes im Jahre 1513 nahm Michelangelo das Projekt wieder auf, wenngleich beträchtlich kleiner und stark verändert. Das Mausoleum stand nicht mehr für sich allein, sondern an der Wand. Außerdem wurde die Zahl der Statuen reduziert. Der Künstler verpflichtete sich, das Werk innerhalb von sieben Jahren zu vollenden. In Wirklichkeit sollte es mehr als 30 Jahre dauern, um das Endresultat vorzeigen zu können. Es hatte in der Zwischenzeit eine neue Unterbrechung gegeben, die bis 1532 dauerte. Von 1513 bis 1515 arbeitete Michelangelo an den ersten zwei Sklaven (Louvre), die als Telamone neben den zwei Siegesfiguren und Moses den Architrav stützen sollten. Der Moses ist zweifellos ein Höhepunkt im Schaffen Michelangelos. Die bewegte Marmoroberfläche lässt gleichzeitig auf die innere Kraft wie auch die Unruhe des Verkünders der zehn Gebote schließen.
Er verkörpert das Drama des menschlichen Daseins. Einflüsse der antiken Kunst, vom Torso des Belvedere bis hin zu den Flussgöttern, verschmelzen mit dem Widerhall der Bildhauerei im 15. Jahrhundert, die in erster Linie von Donatello geprägt worden war. Moses blickt mit angestrengt verzogenem und konzentriertem Gesicht nach links.
Der rechte Fuß ruht auf der Erde und das linke Bein ist leicht angezogen. Nur ein Zeh berührt die Basis. Die biblische Figur erscheint imposant und feierlich, ist aber auch von einer dynamischen, leicht verhaltenen Spannung durchdrungen.

Basilika von Maxentius

Das von Maxentius 308 n. Chr. in Auftrag gegebene Monument hieß in der Antike Basilica Nova oder Basilica Costantiniana, was sich auf Kaiser Konstantin bezog, der den Bau zu Ende führte. Das Gebäude ist aller Wahrscheinlichkeit nach Sitz der gerichtlichen Aktivitäten des praefectus urbi gewesen, der ab Anfang des 4. Jahrhunderts die gesamten Tätigkeiten im Bereich Justiz und Verwaltung leitete. Zur gleichen Zeit wurde auch der Gerichtssitz für die hinter verschlossenen Türen geführten Prozesse gegen Senatoren hierher verlegt. Im Laufe der Jahrhunderte wurde die Basilika ihrer kostbarsten architektonischen Elemente beraubt. Es ist mehr als wahrscheinlich, dass Papst Honorius im 7. Jahrhundert die vergoldeten Bronzeziegel abtragen ließ, um sie für das Dach von Sankt Peter zu verwenden. Der Einsturz des Gebäudes wurde größtenteils durch mehrere Erdbeben herbeigeführt. Die Basilika erstreckte sich über einen großen Teil der Velia und des Forums. Die für die frühantike Geschichte Roms an Bedeutung gewichtige Wahl des Ortes drückte tief gehende politische und ideologische Werte aus. Maxentius wollte das Programm seines Vaters Massimiano Erculeo fortführen und setzte dafür eine intensive Bautätigkeit in Gang. Die Errichtung der Basilika fügte sich gut in den Gesamtkontext der übrigen Bauprojekte ein. Es mussten dafür mehrere, riesige, von Domitian erbaute Gewürzlager abgerissen werden und auch der Veliahügel verlangte eine neue Form (der war bereits für die Domus Aurea verändert worden). Nach dem Tode von Maxentius, der 312 n. Chr. bei der Milvischen Brücke eine vernichtende Niederlage erlitt, wurde die Basilika von Kaiser Konstantin zu Ende geführt. Sie ist rechteckig (100 x 65 m) angelegt, mit

einem weitläufigen Mittelschiff. Die Höhe beträgt 35 m. Sie war oben durch ein Kreuzgratgewölbe abgeschlossen, das auf acht Marmorsäulen ruhte. Im Osten befand sich eine große Apsis. Die einzig überlebende Säule wurde 1613 von Papst Paul V. auf dem Platz vor Santa Maria Maggiore aufgestellt. Dort kann man sie noch heute als Sockel für die Statue der Madonna sehen. Nicht nur das Gebäude sollte durch seine Grandiosität bestechen, auch das Innere sollte die Macht und die Magnifizenz des Kaisers unterstreichen.

10

Kaiserforen

Die auf das Forum von Caesar folgenden Kaiserforen nahmen dessen hellenistisch geprägte Anlage ebenso wieder auf wie die einheitliche architektonische Konzeption des Projekts. Es hat daher nicht die unregelmäßigen Nebeneinanderstellungen des antiken Forum romanum. Der Komplex war durch üppige Dekorationen und eine, ihn vom Verkehr abschließende Mauer monumental und hoch repräsentativ. Die Kaiserforen wurden in den 30er Jahren des 20. Jahrhunderts anlässlich der Erbauung der Via dell'Impero (heute Via dei Fori Imperiali) in großem Umfang ausgegraben. Diese Straße wurde im Oktober 1932 eingeweiht, um die edlen römischen Ursprünge der Faschisten hervorzuheben. Auch andere städtebauliche Projekte verfolgten diesen Zweck, so wie z.B. die monumentale Öffnung der Via della Conciliazione. Noch heute teilt die Straße das archäologische Gebiet in zwei Teile und verbirgt dabei den Eingang zum Forum von Augustus. Die 1995 wieder aufgenommenen Ausgrabungen wurden auf wissenschaftliche Art und Weise durchgeführt. Durch die Freilegung von Tausenden Quadratmetern konnte man nicht nur das monumentale Zentrum aus der Kaiserzeit rekonstruieren, sondern auch die darauf folgende Geschichte des Gebietes nachvollziehen. Im Hochmittelalter wurde es z.B. als Wohnviertel genutzt.

Trajansmärkte

Der große Komplex des Forums und der Trajansmärkte wurde bis in die Spätantike als das größte Weltwunder in Rom angesehen. Das grandiose Projekt wird Apollodor von Damaskus zugeschrieben, dem syrischen Baumeister, der vor allem für Kaiser Trajan in der der ersten Hälfte des 2. Jahrhundert n. Chr. tätig war. Dieser Architekt, der zu den wenigen gehört, von denen man heute noch weiß, verschmolz auf originelle Art die Grundprinzipien der hellenistischen Baukultur mit denen der römischen. Die gleichzeitig mit dem Trajansforum entworfenen Märkte liegen auf mehreren Terrassen an den Hügeln des Quirinal. Dadurch dass man die Erde bis auf eine Höhe abtrug, die derjenigen der Trajanssäule entspricht, erhielt man die nötige Fläche für die Verwirklichung eines grandiosen Platzes. Der für Geschäfte und Lager vorgesehene Komplex lag auf mehreren Ebenen. An der Fassade befand sich eine große Exedra, die jene des Ostforums mit einschloss. An der Exedra waren elf tabernae; der dritte Stock bestand aus einer Terrasse, an der weitere Geschäfte an einer gut erhaltenen, antiken Straße lagen: der via Biberatica. Von dieser Straße aus kam man zu einer monumentalen Aula, dem Mittelpunkt des Komplexes. Sie war zwei Stockwerke hoch und oben von einem gigantischen Kreuzgratgewölbe abgeschlossen. Auf beiden Stockwerken befanden sich weitere tabernae. Auf der Südseite kam man zu einer Reihe von Räumen, in denen wahrscheinlich die Büros der Direktion untergebracht waren. Der Name „Via Biberatica" ist womöglich auf das lateinische Substantiv biber (Getränk)

zurückzuführen und kann mit der in den Läden ausgeführten Tätigkeit in Verbindung gebracht werden. Es ist durchaus möglich, dass hier Wirtschaften waren. Die noch heute gut erhaltene Straße ist völlig gerade bis dort, wo sie auf den Erdwall der modernen Via Quattro Novembre trifft. Sie geht dann in einer Kurve an der Exedra weiter, um zur Subura zu führen, dem berühmt berüchtigten Viertel von Rom, das sich zwischen Quirinal und Esquilin befindet. Die tabernae waren circa hundert kleine Räume, die teils direkt am Fels des Hügels standen. Auf den Trajansmärkten war der gesamte städtische Handel konzentriert. Sie waren unseren heutigen Einkaufszentren nicht unähnlich.

12

Forum von Caesar

Auf dem antiken Forum romanum standen im 1. Jahrhundert v. Chr. dermaßen viele sakrale und zivile Gebäude und Denkmäler, dass es den Anforderungen von Handel, Politik und Justiz nicht mehr ausreichend Raum bot. Julius Caesar war der Erste, der die Notwendigkeit einer Erweiterung erkannte. Er ließ daher auf eigene Kosten einen anderen Platz schaffen, der nach ihm benannt wurde: das Forum Iulium oder Forum von Cäsar, wie man es Quellen entnehmen kann. Dieser Plan sollte von grundlegender Bedeutung für die weitere Geschichte dieser Gegend Roms werden. Es war nämlich Caesar (54-46 v. Chr.), der die Stelle neben dem republikanischen Forum festlegte und auch das Konzept für die anderen vier Plätze lieferte, die von späteren Kaisern geschaffen wurden, wie das Forum von Augustus (42-2 v. Chr.), der Friedenstempel von Vespasian (71-75 n. Chr.), das Forum von Nerva (80-97 n. Chr.) und das Forum von Trajan (106-112 n. Chr.) Zusammen mit dem Forum von Caesar bilden sie die heute unter dem Namen Kaiserforen bekannten Ausgrabungsstätten im Herzen der Stadt. 54. n. Chr., als er noch mit Feldzügen zu tun hatte, beauftragte Caesar Cicero und andere Mittelsmänner mit dem Ankauf von Häusern und Grundstücken in dem Viertel hinter dem Forum romanum, um dort seinen Platz zu schaffen. Er gab dafür eine ungeheure Summe aus: zwischen 60 und 100 Millionen Sesterzen, wie es von Schreibern der Antike berichtet wird. Der Komplex wurde 46 v. Chr. anlässlich der Feierlichkeiten für den dreifachen Triumph in Gallien, Ägypten und Afrika eingeweiht. Zu seiner Vollendung kam er allerdings erst unter Augustus. Der rechteckige Platz (160 x 75 m) wurde durch Ausgrabungen auf seiner vollen Länge sichtbar gemacht. Er war mit Travertinstein gepflastert und auf drei Seiten von Arkaden umgeben. Der auf der Mitte der hinteren, kurzen Seite errichtete Tempel, der eine Achse mit dem Eingang bildete, dominierte den Platz als perspektivischer Brennpunkt des Ganzen.

Die behauene Säule ist eine typisch römische Form von Denkmal. Zum ersten Mal wurde sie im Trajansforum von dem Architekten Apollodor von Damaskus eingeführt, dem Verantwortlichen für das Gesamtprojekt. Die auf der Säule abgebildeten Reliefs stehen in einer zeitliche Abfolge, die unten beginnt und sich bis zur Spitze fortsetzt. Es ist eine Erzählung zur Verherrlichung der Taten und Triumphe des Kaisers. Diese Säule wurde Kaiser Trajan 113 n. Chr. seitens des Senats und des römischen Volkes im gleichnamigen Forum gewidmet. Die Höhe beträgt circa 40 m, was in etwa der des Hügels entspricht, der für den Marktkomplex und das Forum hatte abgetragen werden müssen. Eine Inschrift unten am Sockel der Säule erinnert daran. An der Spitze befand sich ursprünglich eine Bronzestatue von Trajan, die heute verloren gegangen ist. Sie wurde 1588 durch die vom Heiligen Petrus ersetzt. Die Basis ähnelt einem Grabaltar aus republikanischen Zeiten und diente dem Kaiser als Grabstätte. Die Asche von Trajan wurde in einer goldenen Urne in einem Grabzimmer im Inneren der Säulenbasis aufbewahrt. Das Vestibül eröffnet den Zugang zu einer in den Marmor gehauenen Wendeltreppe, die über 185 Stufen von der Basis zum Gipfel führt. Auch die Säule von Marc Aurel hatte im Inneren eine Wendeltreppe und war von Trajans Architekten Apollodor von Damaskus entworfen worden. Außen erzählt der lange spiralförmige Fries die zwei Feldzüge gegen die Daker (101-106 n. Chr.). Unterteilt sind sie durch die Figur der Viktoria, die auf einem Schild schreibt. Die Überquerung der Donau durch das römische Heer auf einer aus Schiffen bestehenden Brücke erinnert an den Beginn der Kriege. Es folgen Schlachtenszenen, Belagerungen, Feldlager, Truppenansprachen und Unterwerfung der Besiegten unter den Kaiser.

Auf der Seite nebenan: *Der Kaiser, der vor der Donaubrücke ein Opfer darbringt*, Detail an der Trajansäule.

14

Fresken von Melozzo da Forlì
Quirinale-Palast

„Er war sehr gelehrt in den Dingen der Kunst, besonders fleißig widmete er sich dem Studium der perspektivisch verkürzten Darstellung, wie man es in Sant'Apostoli in Rom sehen kann, bei der Tribüne des Hauptaltars [...], wo die Figur von Christus dermaßen gut perspektivisch verkürzt dargestellt ist, dass er ein Loch ins Gewölbe zu machen scheint: desgleichen tun die Engel, die mit unterschiedlichen Bewegungen in der Luft herumschweben." Diese Passage aus den Vite von Giorgio Vasari ist eins der ersten Zeugnisse, die sich auf die von Melozzo da Forlì geschaffenen Fresken für die Apsis in der Santi Apostoli Kirche beziehen. Leider sind sie während der Wiederaufbauarbeiten zerstört worden, die der Architekt Francesco Fontana in den Jahren 1702 und 1711 zur Zeit von Klemens XI. durchführte. Von dem bedeutenden Zyklus, dem ersten großen, von Melozzo um 1470 in Rom ausgeführten Auftrag, sind heutzutage nur noch einige Fragmente erhalten. Sie befinden sich teils in der Pinakothek des Vatikans und teils im Quirinal. Bei dem von Cherubinen umringten Christus in Glorie sieht man, wie Vasari schon bemerkte, die außergewöhnlich gut dargestellte perspektivische Verkürzung. Die segnende Figur erhebt sich in grandioser Monumentalität. Das Werk belegt die ungewöhnliche Geschicklichkeit des Malers sowohl bei der Auswahl der leuchtenden Farben, die an die „strahlende" Malerei von Piero della Francesca und Beato Angelico erinnert, als auch bei dem klaren räumlichen Aufbau der perspektivisch dargestellten Figuren. Anhand der noch erhaltenen Fragmente kann man erkennen, dass es die sich halbkreisförmig um Christus scharenden und zu ihm aufschauenden Figuren sind (ein Chor von Engeln und Apostel), die den leuchtend lapislazuliblauen Himmel endlos erscheinen lassen.

15

Sant'Andrea al Quirinale

Aufgrund seiner Vergoldungen, seines Marmors, seines Stuckwerks und seiner originellen elliptischen Anlage ist Sant'Andrea al Quirinale eins der größten Meisterwerke des barocken Kirchenbaus. An der Stelle einer zuvor existierenden Kirche aus dem 16. Jahrhundert namens Sant'Andrea a Montecavallo wurde 1658 dieser neue Tempel für das Noviziat der Jesuiten im Auftrag von Alexander VII. Chigi und unter der Schirmherrschaft von Camillo Pamphili nach einem Entwurf von Gian Lorenzo Bernini errichtet. Der Bau ging zügig voran und konnte schon 1678 abgeschlossen werden. Es handelt sich um eins der bedeutendsten Beispiele für die harmonische und vollendete Barockarchitektur von Gian Lorenzo Bernini. Es ist ganz unterschiedlich von dem in der Nähe gelegenen Meisterwerk von Borromini, San Carlino alle Quattro Fontane. Einige Elemente entstammen der Architektur des 16. Jahrhunderts, allerdings werden sie von Bernini neu interpretiert und umgewandelt. Das sieht man z.B. bei der monumentalen Fassade mit nur einer Reihe von korinthischen Wandpfeilern, die einen dreieckigen Giebel mit einem großem, halbkreisförmigem Fenster tragen. Dadurch scheint die auf ionischen Säulen ruhende Vorhalle auf den Kopf gestellt. Das am Pantheon inspirierte, imposante Innere ist elliptisch. Die Hauptachse verläuft senkrecht zum Eingang, die radialen Kapellen sind zurückgesetzt, damit der Rhythmus des durchgehenden Ovals und der Weitläufigkeit nicht unterbrochen wird bzw. verloren geht. Das Licht fällt durch zahlreiche Fenster in der Kuppel und in der Laterne ein. Es trägt dazu bei, die kostbare Ausschmückung hervorzuheben, die nach Entwürfen von Bernini durch Antonio Raggi und andere zwischen 1661 und 1666 geschaffen wurde. Bunter Marmor wechselt sich ab mit Vergoldungen und Stuckwerk.

Oben, Antonio Raggi, *Der Heilige Andreas in Glorie.*
Links, Fassade der Kirche.

Auf den folgenden Seiten, Kuppelgewölbe.

16

San Carlo alle Quattro Fontane

Für den jungen Architekten aus dem Tessin, Francesco Borromini, der um 1620 nach Rom kam, war der Auftrag seitens des Trinitari-Ordens für die Erbauung des Klosters San Carlino alle Quattro Fontane ganz sicherlich von entscheidender Bedeutung. Bereits die Arbeiten am Barberini-Palast hatten ihm zu großem Erfolg verholfen. 1634 begann er mit den Arbeiten am Kloster und schloss sie zwei Jahre später ab. Langsamer verliefen die Arbeiten an der Kirche, die von 1638 bis 1667 dauerten. Bei der Außenansicht bemerkt man ein geschicktes Spiel mit Volumen und Linien, das durch den Kontrast zwischen konvexen und konkaven Oberflächen hervorgerufen wird. Von außen sieht man die elliptische Kuppel mit der Laterne, in der konkave Nischen eingelassen sind. Links steht der Kirchturm mit der von konvexen Formen geprägten, spitz zulaufenden Glockenstube. Die Ellipse und das Oval, das Konvexe und das Konkave wechseln sich in der Fassade ab und verleihen ihr dadurch Großzügigkeit. Fast scheint sie sich um sich selbst zu drehen. Im Innern ist die Kirche recht klein, auch wenn sie Ausdruck für die imposante plastische Architektur des Baumeisters ist. Auf den ersten Blick wirkt alles auf ein Mindestmaß reduziert. Dann jedoch wird man der üppigen, an der Natur inspirierten Dekorationen gewahr: mit Blättern verzierte Kapitelle, von Blumenranken umgebene Altäre, reich mit Akanthus geschmückte Friese. Alles ist rund und erlesen. In der ovalen Kuppel gipfelt der Einfallsreichtum von Borromini, indem er die Strukturen mit einer nie zuvor gekannten Liebe zum Detail formt und verbindet. Die Erlesenheit des Ganzen wird durch das Licht noch stärker hervorgehoben. Es fällt nicht nur durch die Fenster in der Laterne ein, sondern auch durch kleine Fensterchen, die sich hinter dem zarten Fries eröffnen, dort wo die Kuppelblende ist. Die Räume des Klosters sind ein Meisterwerk an Harmonie und Proportion. Sie sind um einen Kreuzgang angelegt, wo abgerundete und leicht konvexe Ecken den Strukturen jede Starrheit nehmen. Alles wird eingegliedert in ein bewegtes Verhältnis zueinander. Das lineare Spiel der Einfassungen, die rhythmische Abfolge der architektonischen Elemente sind eine absolute Neuheit, und zwar besonders dort, wo Borromini sie zum Zweck einer besseren Lichtgestaltung einsetzt. Schlichtheit und Magie sind in diesem begrenzten Raum eng ineinander verflochten. Der durch den Borromini-Komplex eingeführte innovative und geniale Stil verbreitete sich in der Folgezeit über ganz Europa und beeinflusste in erheblichen Maße selbst die moderne Architektur.

Pietro da Cortona, Triumph der Göttlichen Vorsehung Barberini-Palast

Das von Pietro da Cortona für das Gewölbe im Hauptsaal des Barberini Palastes ausgeführte Fresko war das grandioseste und spektakulärste Werk seiner Epoche. Das dargestellte Thema sollte ganz offen den Triumph dieser adligen Familie zeigen, bei der religiöse Macht mit der irdischen zu einer Einheit verschmolzen. Der in Rom bereits anerkannte toskanische Maler begann mit der Ausführung Ende 1632 bzw. Anfang 1633. Die lange und problematische Arbeit, die auch wegen der ständigen Reisen des Künstlers mehrfach unterbrochen wurde, fand ihren Abschluss im Jahre 1639. In der Mitte sieht man zusammen mit der Darstellung von Papst Urban VIII. Barberini und seiner Familie die Apotheose der Vorsehung, umringt von himmlischen Allegorien und mythologischen Episoden. Die riesige Fläche, die das Fresko einnimmt, beträgt circa 600 Quadratmeter. Es ist in fünf Zonen aufgeteilt, die den fünf Teilen des Himmels entsprechen. Das Ganze ist von einem vorgetäuschten Rahmen umgeben. Dahinter sieht man den offenen Himmel. Die Verherrlichung des Barberini-Papstes geschieht durch das Emblem der Familie (mit Lorbeer gekränzte Bienen), dem Hauptblickpunkt der Komposition. Der vorgetäuschte, von Cortona geschaffene Rahmen entspringt einer Idee von Annibale Caracci für die Galerie im Farnese-Palast. In diesem Fall ist er jedoch beträchtlich reduziert, was dazu führt, dass der Himmel ins Unendliche zu reichen scheint. Er ist das alles verbindende Element. Die Atmosphäre ist strahlend hell und bezieht alle fünf Himmelsteile mit ein. Alles ist eine spektakuläre Erscheinung, in der der Betrachter mit einem einzigen Blick unzählige durcheinander wirbelnde Figuren erfasst, die magisch in den Himmel geschleudert werden.

18

Gian Lorenzo Bernini, Verzückung der Heiligen Theresa
Santa Maria della Vittoria, Cornaro-Kappelle

In der Cornaro-Kapelle schuf Bernini eins seiner größten Kunstwerke. Es ist ein Monument von außerordentlicher szenischer Bedeutung und ungewöhnlichem Zauber. Das Thema der Kapelle war die Verzückung der spanischen Heiligen Theresa, die berühmt für ihre ungewöhnlichen spirituellen Erfahrungen mittels einer mystischen Vereinigung mit Christus war. Der Künstler sah kein Problem darin, die Heilige in einem Moment der sinnlichen Verzückung darzustellen. Ihre Haltung ist dermaßen aufreizend, dass man bei ihrem Anblick glatt die spirituelle Natur des Ereignisses vergisst. Die Heilige scheint über einer Art wolkenförmigem Felsen zu schweben, dessen Basis etwas weiter nach hinten versetzt und dunkler ist, wodurch er auf den ersten Blick fast unsichtbar ist. Der Marmor der Wolke scheint wirklich in der Luft zu schweben. Den spektakulärsten Effekt erzielt jedoch das natürliche Licht, das Bernini geschickt einsetzt. Hinter der Skulpturengruppe schuf er eine kleine, halbkreisförmige Apsis, die aus der Kirche herausragt. Dadurch konnte er an deren Gipfel ein Fenster einfügen, das für den Betrachter der Kapelle unsichtbar ist. Durch dieses Fenster fällt von oben ein Bündel Licht ein, das die Gruppe direkt erleuchtet. Um die symbolische Bedeutung der Beleuchtung hervorzuheben, schuf er außerdem eine Reihe von vergoldeten Strahlen, an denen das einfließende Licht sich bricht. Der Effekt sollte richtig verblüffen. Die Kapelle wurde für Bernini eine Bühne mit Zuschauern. Der Auftraggeber, der venezianische Kardinal Federico Corsaro und seine Vorfahren sind als Halbbüsten an den Seiten angebracht, um dem wunderbaren Ereignis mit großer Begeisterung beizuwohnen. Die zentrale Gruppe besteht aus der Heiligen und dem Engel, der ihr mit einem Pfeil das Herz durchbohrt. In gewisser Weise ist dieses Werk ein Symbol für das gesamte Barock: Skulptur, Licht, Architektur und Malerei verschmelzen zu einem einzigen verblüffenden Kunstwerk. Die Realität verliert sich im illusionistischen Raum der Zauberei. Wahrheit und Erfindung werden eins.

Das Römische Nationalmuseum

Das Museum wurde 1889 gegründet, um dort die Stücke aus dem antiken Rom aufzunehmen. Nicht von ungefähr ist es die größte archäologische Sammlung der Welt. Die Ausstellung ist an diverse Orte verteilt worden, wie z.B. den Palazzo Massimo alle Terme, dessen Terrain zum großen Teil für die Erbauung des Bahnhofs Termini vom italienischen Staat enteignet wurde. Der Palast kam 1981 in Staatsbesitz und wurde daraufhin als Museum umgebaut. Im Erdgeschoss und im ersten Stock befindet sich eine umfangreiche Sammlung von Skulpturen aus römischer Zeit. Sie sind chronologisch geordnet, von der Zeit der Republik zur Kaiserperiode. Zu sehen sind dort u.a. das Elfenbeinantlitz, das Mädchen aus Anzio, die Statue von Augustus als Pontifex maximus, die niedergekauerte Aphrodite aus der Hadriansvilla, der Diskuswerfer Lancellotti, sowie zahlreiche Porträts und Reliefs. Im zweiten Stock werden kostbare Beispiele für schmückende Einrichtungsgegenstände aufbewahrt, wie z.B. der gemalte Garten aus der Villa di Livia, die Fresken aus der Villa della Farnesina und della Roma Barberini, sowie Stuckarbeiten, Bodenmosaike und luxuriöse bunte Marmorpaneele aus der Giunio Basso Basilika und dem Mithräum

Aphrodite von Diodalsas.

von Santa Prisca. Der Museumsrundgang schließt im Erdgeschoss mit der bedeutenden Abteilung für Münzen und Schmuck ab, wo die berühmte Gemme mit der Büste von Athene neben den Beigaben aus dem Grab von Grottarossa zu sehen ist. In diesem Grab wurde die mumifizierte Leiche eines achtjährigen Kindes gefunden. Auch die Thermen von Diokletian, übrigens der größte Thermenkomplex in ganz Rom, wurden als Museumssitz auserkoren. Die Ausstellungstücke befinden sich sowohl im Garten als auch im Michelangelo-Kloster in Santa Maria degli Angeli und in den Innenräumen. Die epigraphische Sammlung, die es ermöglicht, die Geschichte des römischen Schrifttums von den Anfängen an zurückzuverfolgen, ist eine der bedeutendsten in der Welt. Unter den wichtigen Stücken im Museum sind die großen Büsten von Ceres und ihrer Tochter zu nennen, die aus Ariccia stammen. Sie sind wichtige Beispiele für bildhauerische Kultobjekte. Im ersten Stock des Klosters ist eine frühgeschichtliche Sammlung, die auch die ältesten Phasen im Leben der Latiner vor dem Aufstieg Roms zur Weltmacht zeigt, mit wichtigen Fundstücken aus erst kürzlich eröffneten Grabungsorten.

Diskuswerfer von Myron.

20

Mosaike in Santa Prassede

In der Prassede Kirche, die auf karolingische Ursprünge zurückgeht, wohnt man der Wiedergeburt der Mosaikkunst bei, die durch die Bilderstürmer einen Niedergang erfahren hatte. Die sich am Triumphbogen, an den Wänden des Querschiffs und in der Apsis befindlichen Mosaike weisen sowohl aufgrund der gewählten Technik als auch der Ausführung auf frühchristliche Ursprünge hin. Man verwendete einer römischen Tradition zufolge ausschließlich Glasmosaiksteine und wählte ein dementsprechendes Thema. Zweifellos hatte man sich beim Bogen und in der Apsis vom Vorbild der Kirche der Heiligen Kosmas und Damian leiten lassen. Die Anzahl und Anordnung der dargestellten Personen, die Wahl der Farben, die Übereinstimmung zwischen Anbringung der Mosaike und Architektur des Gebäudes lassen eindeutig auf die Parallelität mit dieser Kirche im Forum schließen. In der Apsis sieht man den von Heiligen umringten Christus in der Mitte, dem Papst Pasquale I. ein Modell des Gebäudes überreicht. Golden ist der Hintergrund der Lämmer, die in der Darstellung darunter zum Lamm Gottes strömen. Einzigartig für das Hochmittelalter in Rom ist jedoch die Verwendung von Mosaiksteinen aus Silber für die Darstellung vom Nimbus des Lamm Gottes. Silber war damals ein äußerst rares Material. Am Triumphbogen, am Ende des Hauptschiffes, spielen der Reichtum und die Pracht der Materialien auf Jerusalem an: innerhalb der Stadtmauern, dem Symbol für das ewige Heil, ist Christus zwischen zwei Engeln, sowie Aposteln und Heiligen. Die Seligen werden an den Stadttoren von Engeln empfangen und schreiten über eine Blumenwiese, im Hintergrund ein intensiv blauer, mit Wölkchen bestückter Himmel. Auch die Dekoration der San Zenone Kapelle, die eine der herrlichsten Gedächtniskapellen ist, die uns das Mittelalter hinterlassen hat, ist an spätantiken Bildschemata inspiriert. In ihrem Inneren erstrahlt das Gold des Hintergrundes über den gesamten Mosaikbereich, bis auf oben, wo Christus am Gewölbe in güldenem Gewand auf einem kräftig blauen Hintergrund zu sehen ist. Pflanzenmotive sind von unzähligen Tieren, wie Hirschen, Störchen und Löwen bevölkert. Sie schmücken gemäß einem in der Klassik viel verwendeten Motiv das Tonnengewölbe.

Madonna mit dem Kinde zwischen den Heiligen Praxedis und Pudentiana, San Zenone-Kapelle.

Die Heilige Praxedis, Detail am Gewölbe.

21

Santa Maria Maggiore

Santa Maria: So hieß einst die alte, auf dem höchsten Punkt des nördlichen Esquilin-Hügels stehende Kirche. Es handelte sich dabei um die erste der Jungrau geweihte Kirche Roms. Auch als später in der Stadt andere der Madonna geweihte Kultstätten entstanden, behielt sie ihren Namen weiter. Man spezifizierte sie nur mit Maior. Das geschah in karolingischer Zeit. Der Legende nach soll Papst Liberius im fernen 358 n. Chr. an dieser Stelle nach einem an ein Wunder grenzenden Schneefall den Grundriss für den Komplex in den Schnee gezeichnet haben. Allerdings wurde sie erst im 5. Jahrhundert durch Sixtus III. verwirklicht, als erstes, wirklich großes, im Namen der Kirche von Rom errichtetes Gebäude. Zum Zeichen der angestrebten Führungsrolle erstand es auf dem Boden des antiken Forums an einem zentralen Punkt der Stadt und Knotenpunkt vieler Wege. Das erkennt man auch an der Grandiosität und an dem Reichtum der Innendekoration, die wie ein Lehrbuch für die Gläubigen sein sollte. Die Fassade wurde um 1743 von Ferdinando Fuga geschaffen. Er hat dabei die Mosaike der alten Fassade mit eingegliedert. Hinter der Fassade ragt der Kirchturm in den Himmel. Er ist der höchste in ganz Rom. Was seine Gestaltung betrifft, kann man ihn als das letzte und monumentalste Beispiel für die Romanik des Latiums ansehen. Fünf Monumentaleingänge ermöglichen den Eintritt von der Vorhalle her. Sie besteht aus einer Reihe von Pfeilern mit korinthischen Kapitellen. Im Hauptschiff erstreckt sich längs der Seitenwände der bedeutende Mosaikzyklus aus dem 6. Jahrhundert. Abgeschlossen wird er durch

den monumentalen, sixtinischen Triumphbogen und die Apsis aus dem 13. Jahrhundert. Ein klassischer Fries verläuft unterhalb der Holzdecke rund um den gesamten Innenraum. Das von Sixtus V. gewünschte, ikonographische Programm der Dekoration war eng mit der Verherrlichung der Madonna verbunden. Das stand in Zusammenhang mit der, im Konzil von Trento vereinbarten Auffassung von der Göttlichkeit der jungfräulichen Mutterschaft, die sich gegen die Reform der Protestanten richtete. Die Wände der sixtinischen Kapellen sind mit einer Fülle von Marmor dekoriert, der aus Gebäuden des antiken Roms und dem alten Apostolischen Palast stammt, wie auch in der paolinischen Kapelle im linken Seitenschiff, in der die, in der Basilika angebetete, heilige Ikone der Madonna aufbewahrt wird.

22

Mosaike in Santa Maria Maggiore

Die Mosaiktechnik der antiken Tradition hatte im mittelalterlichen Rom sein Hauptzentrum. In den christlichen Kultstätten wurden vor allem die Wände und Gewölbe mit Tausenden von bunten Steinchen verziert. Bei den Böden setzte man eher auf ein Repertoire geometrischer Art. Vom Stil her entsprachen sie dem hellenistischen Geschmack. Später wurden sie weniger plastisch und sichtbar „impressionistischer". Besonders hervorzuheben sind die Mosaike aus dem 5. Jahrhundert, wie man sie hier am Triumphbogen und im Hauptschiff der Santa Maria Maggiore sehen kann. Sie sind von feierlicher Würde und künden bereits die erste Phase des byzantinischen Stils an. Hier sieht man die Geschichte des jüdischen Volkes, die stellvertretend für die Begebenheiten der gesamten Menschheit vor der Ankunft des Erlösers sein soll. Es ist durchaus möglich, dass sich diverse, hier in der Santa Maria Maggiore tätige Mosaikkünstler an mit Miniaturen verzierten Handschriften inspiriert haben. Der Zyklus zeigt beim Format, bei der Gestaltung der Szenen und bei der schmucklosen Definition der Landschaften im Hintergrund eine der Klassik entlehnte Prägung. Das Apsismosaik wurde zur Zeit von Papst Nikolaus IV. (1288-1292) erneuert. Der von 1291 bis 1300 in Rom tätige Maler Jacopo Torriti hatte sich, wie es scheint, in der Papststadt im Umfeld von Cimabue ausgebildet. Nachdem er das Apsismosaik in San Giovanni Laterano geschaffen hatte, arbeitete er um 1295 hier in der Santa Maria Maggiore Kirche an dem großen Mosaik mit der Krönung und den Geschichten der Jungfrau. Es ist nicht bekannt, ob sich Torriti bei seiner Komposition an dem inspirierte, was davor dort gewesen war. Eindeutig ist nur ein gewisser byzantinischer Archaismus vor allem bei den ikonographischen und ornamentalen Bezügen auf die antiken römischen Mosaike. Die mit Raffinement benutzten Farben drücken den Willen zum Großartigen aus und die Wahl der Ornamentikmotive entspringt dem frühchristlichen Klassizismus, während der regungslose Aufbau der Figuren eine auffällige malerische Parallelität mit den römischen Skulpturen von Arnolfo di Cambio aufweist, wenngleich nach Art der eleganten und kostbaren Miniaturenkunst.

Die Durchquerung des Roten Meers und Detail. Mittelschiff, Geschichten aus dem Alten Testament.

Abraham und die Engel. Mittelschiff, Geschichten aus dem Akten Testament.

Innenstadtviertel: Trevi, Colonna und Campo Marzio

23. Piazza del Campidoglio

24. Santa Maria in Aracoeli
Die Segnende Jungfrau

25-27. Kapitolinische Museen
Der Dornauszieher
Marc Aurel

28. Piazza Venezia

29-30. Die Jesus-Kirche
Giovan Battista Gaulli,
Der Triumph im Namen Jesu

31. Sant'Andrea della Valle
Giovanni Lanfranco, *Fresken*

32. Barracco Museum

33. Galerie Doria Pamphili
Annibale Carracci, *Landschaft mit der Flucht nach Ägypten*

34. Santa Maria sopra Minerva
Filippino Lippi, Fresken
in der Carafa-Kapelle

35. Pantheon

36. Sant'Ignazio
Andrea Pozzo, *die Glorie des Heiligen Ignazius*

37. Piazza Navona

38. San Luigi dei Francesi
Caravaggio, *Geschichten des Heiligen Matthäus*

39-41. Palazzo Altemps
Ludovisi-Thron
Gallierfürst und Frau

42. Sant'Agostino
Caravaggio,
die Rosenkranzmadonna

43. Trevi Brunnen

44. Palazzo Barberini

45. Trinità dei Monti und Piazza di Spagna

46. Ara Pacis

47. Piazza del Popolo und Santa Maria del Popolo

48. Santa Maria del Popolo
Caravaggio, die *Bekehrung des Heiligen Paulus* und die *Kreuzigung des Heiligen Petrus*

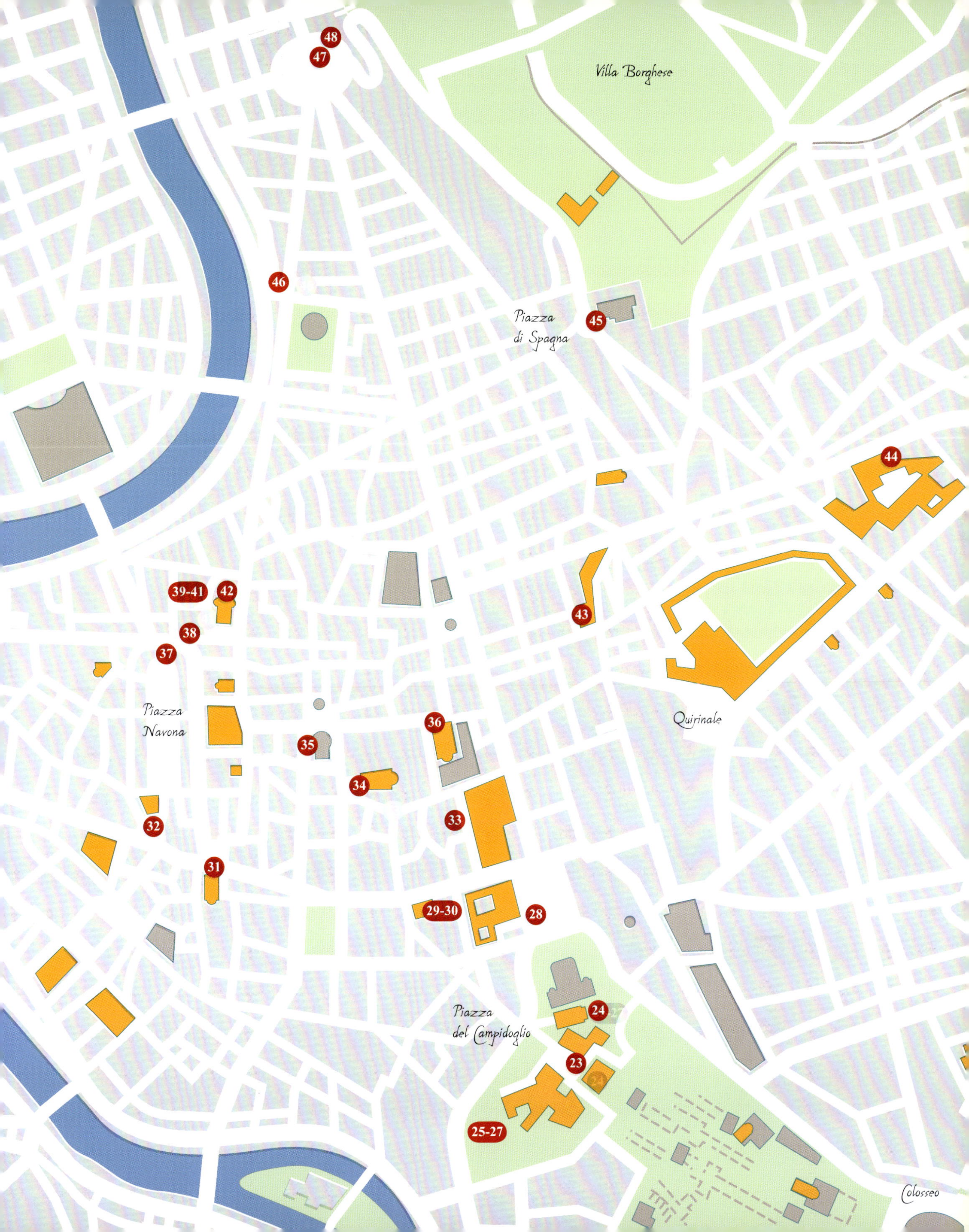
48
47
Villa Borghese
46
Piazza di Spagna
45
44
39-41
42
43
38
37
Piazza Navona
36
35
Quirinale
34
33
32
31
29-30
28
Piazza del Campidoglio
24
23
25-27
Colosseo

Piazza del Campidoglio

Die Piazza del Campidoglio (das Kapitol), das politische und physische Herz der Stadt, zu der man über die lange Stufenrampe kommt, wurde in ihrer monumentalen Anlage von Michelangelo im Jahre 1536 im Auftrag von Papst Paul III Farnese entworfen. Sie ist vielleicht die perfekteste Umsetzung des Konzeptes von Platz als autonomem städtischen Gebilde in der Kultur des 16. Jahrhunderts. Michelangelo nahm das klassische Konzept meisterhaft wieder auf und stieß dabei die Perspektive des Platzes, der bis dahin zum Forum romanum ausgerichtet war, völlig um. Er tat das, indem er die Statue von Marc Aurel in die Mitte des Platzes mit Blick auf die San Pietro Basilika stellte und als Hintergrund den mittelalterlichen Palast des Senats, der auf den Resten des antiken Tabularium errichtet worden war, völlig umbauen ließ. Das Gleiche veranlasste er mit dem seitlich stehenden Palazzo dei Conservatori und Palazzo Nuovo. Sie wurden nach seinen Plänen in den Jahren 1568 und 1655 vollendet. Dadurch, dass sie schräg angelegt sind, verleihen sie dem Platz eine größere Weitläufigkeit und unterstreichen den perspektivischen und bühnenhaften Charakter. Auch das geometrische Sternmuster in der Pflasterung, das Antonio Muñoz 1940 auf der Basis von Zeichnungen schuf, die Michelangelo hinterlassen hatte, trägt dazu bei, die zentrifugale und dynamische Dimension des Ganzen zu definieren. Die schlichte Feierlichkeit dieses Platzes wird auch durch die grandiose Plastizität der Bauwerke erzielt, wie z.B. bei der Fassade des Palazzo Senatorio. Sie ist die von Giacomo Della Porta und Girolamo Rinaldi überarbeitete Version des von Michelangelo geschaffenen Entwurfs, mit dem Eingang auf den Platz hin, mit der aus zwei Rampen bestehenden Treppe, mit dem von gigantischen korinthischen Lisenen unterteilten Stuckwerk und schließlich der von Della Porta modifizierten Balustrade mit den monumentalen Dioskuren und dem Blick auf die Stadt, was ebenfalls als Vervollständigung des Platzes konzipiert wurde.

24

Die Segnende Jungfrau
Santa Maria in Aracoeli

Die Ikone ist in die Mitte des Antependiums in der Hauptkapelle der Santa Maria in Aracoeli Kirche eingefügt. Glaubt man dem Volksmund, so war dieses heilige Bild unter denen, die dem Heiligen Lukas zugeschrieben wurden. Die Tafel zeigt Maria in einem Gewand, das mit einer Borte und goldenen Kreuzen geschmückt ist. Sie hält die Hand betend in die Höhe. Es handelt sich dabei um eine ikonographische Ableitung, die mit großer Intensität und Einprägsamkeit um die Mitte des 11. Jahrhunderts ausgeführt worden ist. Die Malerei mit durchsichtigen Farben, die fast wie Lack erscheinen, erinnert an orientalische Werke. Dieses Werk ist eins der am meisten angebeteten in ganz Rom. Erkennen kann man das an den unzähligen Votivgaben, unter denen zweifelsohne die große Prunktreppe die bedeutendste ist. Sie bildet den Zugang zur Kirche und wurde als Danksagung für die Rettung der Stadt vor der Pestepidemie 1348 erbaut. Es existieren zahlreiche Repliken dieses Prototyps mit der Jungfrau als Mittlerin zwischen Christus und den Gläubigen. Ursprünglich befand sich die Ikone im Tabernakel, das der Gegenpapst Anaklet II an der Stelle der heutigen Sant'Elena Kapelle hatte errichten lassen. Es war Pius IV., der sie auf den Hauptaltar versetzen ließ, wo sich ursprünglich bis 1565 die von Raphael von 1511-1512 gemalte Madonna di Foligno befunden hatte.

Kapitolinische Museen

Die Kapitolinischen Museen sind die älteste öffentliche Museumssammlung zur Antike. Sie entstanden auf Wunsch von Papst Sixtus IV., der dem römischen Volk 1471 vier berühmte Bronzestatuen (die Wölfin, den Dornauszieher, den Camillo und den Kopf von Konstantin mit der Hand und dem Globus) schenkte. Bis dahin hatten sie sich vor dem Lateran-Patriarchio als Symbole der Kontinuität zwischen dem römischen Kaiserreich und der Kirche befunden. Die Errichtung des Palazzo Nuovo, den Klemens VIII. 1603 in Auftrag gab, ermöglichte es, die große Anzahl an Werken, die im Palazzo dei Conservatori untergebracht waren, endlich angemessen aufzustellen. 1734 wurde das Kapitolinische Museum für das Publikum eröffnet. Zuvor war auf Veranlassung von Papst Klemens XII. die Statuen- und Porträtsammlungen von Kardinal Albani erworben worden. Mitte des 18. Jahrhunderts gründete Papst Benedikt XIV. die Kapitolinische Pinakothek, eine reiche Sammlung an Bildern aus wichtigen Privatsammlungen. Infolge zahlreicher Ausgrabungen in der Stadt, die Ende des 19. Jahrhunderts initiiert wurden, als Rom zur Hauptstadt des Königreichs aufstieg, kamen weitere große Mengen an Fundstücken ins Museum. Sie wurden in neuen Abteilungen und in der Kapitolinischen Medaillensammlung zusammengefasst. Zwischen 1925 und 1930 entstand das Mussolini Museum, das später nach dem Erwerb von Palazzo Caffarelli in Neues Museum umbenannt wurde. 1956 wurde der Palazzo dei Conservatori durch die Erbauung des Neuen Flügels erweitert. Dort stellte man bedeutende Skulpturen aus der Zeit des republikanischen Rom aus. Die Restrukturierungsmaßnahmen der Kapitolinischen Museen haben zur Eröffnung von neuen Ausstellungsorten geführt. Die neue Anordnung der dem Museumskomplex zugedachten Räume der Kapitolinischen Museen ermöglichte die Öffnung des Tabularium für das Publikum. Es mit den anderen Gebäuden durch die Galleria della Congiunzione und den neuen Flügel des Palazzo dei Conservatori verbunden.

Caravaggio,
Das Glück.

Mosaik der Tauben,
II. Jahrhundert n. Chr.
Die Kapitolinische Wölfin,
V. Jahrhundert v. Chr.

26

Der Dornauszieher
Kapitolinische Museen

Die Bronzestatue, die einen Jungen zeigt, der sich gerade einen Dorn aus dem Fuß zieht, gehört zu den kaiserlichen Sammlungen, seit sie zu konstantinischen Zeiten dem Bischof von Rom geschenkt und später von Sixtus IV. 1471 zusammen mit den anderen Bronzen aus dem Lateran dem römischen Volk vermacht wurde. Das Werk, das seit dem Mittelalter bis in die Neuzeit hinein mit zu den beliebtesten gehört, ist mehrfach interpretiert worden. Nach Meinung einiger Experten soll es sich um ein eklektisches Werk aus dem 1. Jahrhundert v. Chr. handeln, das sich beim Körper an hellenistischen Vorbildern des 3. bis 4. Jahrhunderts orientiert und beim Kopf ein Prototyp des 5. Jahrhunderts ist. Einer anderen Theorie zufolge soll es sich um eine zufällige Montage von zwei Originalen handeln, die in der Spätantike stattfand. Die Figur soll demnach in einem asianischen Umfeld gegen 120 v. Chr. geschaffen worden sein, während der Kopf ursprünglich zu einer Erosfigur gehört haben soll, die auf den Strengen Stil im 5. Jahrhundert zurückgeht.

27

Marc Aurel
Kapitolinische Museen

Das berühmte Werk aus Bronze stellt Marc Aurel zu Pferde dar. Ursprünglich gehörte es wohl zu einem Triumphdenkmal und war, neueren Forschungen zufolge, womöglich Teil einer Reitergruppe, bei der sich auch eine Statue des Sohnes, Commodo, befunden haben soll. Der nicht mehr junge Kaiser Marc Aurel drückt mit seiner ausgestreckten Hand den Willen zur Friedensstiftung aus, wie er es in seinen Memorie, einem geistigen Tagebuch, seinen philosophischen Idealen gemäß formuliert hatte. Das Denkmal wurde wahrscheinlich beim Tode Marc Aurels im Jahre 180 n. Chr. aufgestellt. Es entkam im Mittelalter nur durch Zufall der Einschmelzung, weil man annahm, es handele sich dabei um die Darstellung des ersten christlichen Kaisers, Konstantin, der seine Hand zum Segnen ausstrecke. Auf Wunsch von Paul III. Farnese wurde sie 1536 durch Michelangelo vom Lateran in die Mitte des Kapitols gebracht. Das Original wurde später ins Museum gebracht und auf dem Platz durch eine Kopie ersetzt.

28

Piazza Venezia

Auf der platea nova ließ Paul II. 1466 zwei große Granitbecken aufstellen, die aus den Caracalla-Thermen stammten. Später wurden sie dann auf die Piazza Farnese gebracht. Das war der Anstoß für die Ausgestaltung von Piazza Venezia, die der regierende Papst in Gang setzte und die mit der Errichtung des Palazzo Venezia als monumentaler Stirnseite des Corso einherging. Es handelte sich bei diesen Arbeiten um das erste große städtebauliche Projekt im Rom der Renaissance. Schon bald wurde dieser Ort der effektvolle Zielpunkt für das berühmte Rennen „corsa dei Bàrberi", das bei der Piazza del Popolo starte und zur Zeit des Karnevals entlang des Corso ausgetragen wurde. Zugegen waren dabei sowohl das Volk als auch die reiche Aristokratie. Ein dichtes Geflecht städtischer Bauten mittelalterlichen Ursprungs verband ihn mit dem Kapitol und ein stark besiedeltes Gebiet mit Bauten aus dem 15. und 16. Jahrhundert vereinigte ihn oberhalb der Kaiserforen mit dem Monti-Viertel. Als man 1882 beschloss, ein Denkmal für Viktor Emanuel II. an der Stirnseite des Platzes aufzustellen, gleich beim Kapitol, musste das gesamte Gebiet umgewandelt werden. Bis dahin war es von dem Platz begrenzt worden, wo 1845 die ersten von Pferden gezogenen Omnibusse und die ersten Gaslaternen erschienen. Man riss die Gebäude, die um das Denkmal herum standen, ab und vergrößerte den Platz so, dass er sich durch den Abriss des Palazzo Torlonia aus dem 16. Jahrhundert bis vor die Piazza Venezia ausdehnte. Etwas später entstand der zurückgesetzte Bau der Generali Versicherungen, eine Kopie des paulinischen Komplexes. Der von Kardinal Pietro Barbo 1464 als dessen aufwändige Privatresidenz in Auftrag gegebene Palazzo Venezia erfuhr nach dessen Wahl zum Papst Paul II. erhebliche Veränderungen, um ihn zu einem wahren Papstpalast werden zu lassen. 1564 wurde er zur Residenz der venezianischen Botschafter. Unter der Herrschaft der Habsburg-Lothringer und später Napoleon veränderte er sich erneut. Dann folgte die Zeit des Italienischen Königreichs. Zu jener Zeit wurde er Sitz der Akademie der Schönen Künste, die unter der Leitung von Antonio Canova stand. Von 1929 bis 1943 wurden erneut Eingriffe vorgenommen, als hier der Regierungschef und der Große Rat des Faschismus untergebracht war. Das Antlitz des Platzes hatte sich in der Zwischenzeit ebenfalls verändert. 1911 war er vergrößert worden. Ein Denkmal wurde in der Mitte aufgestellt und auch die Umgebung wurde angepasst. Durch die Öffnung der Achsen von der Via del Mare und der Via dei Fori Imperiali, wurde der mittlerweile in Foro d'Italia umbenannte Platz zum symbolischen und geographischen Zentrum der Stadt.

Vorangegangene Seite, Palazzo Venezia. Daneben, Ansicht des Platzes.

Auf den folgenden Seiten, Giuseppe Sacconi, Denkmal für den unbekannten Soldaten.

PATRIAE VNITATI

CIVIVM LIBERTATI

29

Die Jesus-Kirche

Die Jesus-Kirche ist eines der bedeutendsten Beispiele für die religiöse Architektur gegen Ende des 16. Jahrhunderts. Sie spielte eine wesentliche Rolle für die weitere Entwicklung der Sakralarchitektur des römischen 17. Jahrhunderts. Die komplexen Zusammenhänge, die zur Erbauung der Kirche führen, stehen mit der Ankunft des Heiligen Ignazio di Loyola im Jahre 1537 in Rom in Verbindung, die nach einer 14 Jahre währenden Abwesenheit stattfand. Er war es, der höchst persönlich den Ort auswählte, wo die Mutterkirche des von ihm gegründeten Ordens der „Gesellschaft Jesu" zu errichten war. Dieser Orden wurde 1540 von Paul III. anerkannt und sollte daraufhin einer der mächtigsten der Gegenreformation werden. Allerdings vergingen danach noch viele Jahre, bis es zum Bau kam. Es brauchte nämlich erst noch die wirtschaftliche Potenz eines Kardinals wie Alessandro Farnese, um die Errichtung des Gebäudes zu ermöglichen. Bei seiner Weihe im Jahre 1584 war es die größte und erste vollständig neu erbaute Kirche in Rom nach der Plünderung Roms im Jahre 1527. Im Volksmund nannte man die Jesus-Kirche auch Farnese-Tempel. Man sagte, Kardinal Farnese besitze die drei schönsten Dinge in der Stadt: seinen Familienpalast, seine Tochter Clelia und die Jesus-Kirche. Die Neuheit bei dem von Domenico Vignola geschaffenen Gebäude zeigte sich besonders in der Anlage. Es besteht aus einem einzigen, riesigen Hauptraum. Das kam den, von der Gegenreformation aufgestellten Anforderungen bei der Liturgie und der Andacht und insbesondere den Predigten der Jesuiten besonders entgegen. An der räumlichen Gestaltung der Gesamtanlage mit dem komprimierten Querschiff, in dem sich drei Seitenkapellen pro Seite befinden, hatten auch zwei Jesuitenarchitekten teil. Es ist eine Verschmelzung zwischen der in der Renaissance bevorzugten Zentralanlage mit der länglichen, aus der älteren christlichen Tradition stammenden. Ende des 17. Jahrhunderts kam Giovan Battista Gaulli (Beiname: il Baciccio) hinzu, der aus dieser Kirche durch seine illusionistischen Malereien eins der wichtigsten Zeitzeugnisse für das europäische Barock machte.

Andrea Pozzo, Altar des Heiligen Ignatius.

ALEXANDER CAR DINALIS FARNESIVS S·R·E·VICE CAN FEC·MDLXXV
IHS

30

Giovan Battista Gaulli, Der Triumph im Namen Jesu Jesus-Kirche, Gewölbe

Am 21. August 1672 unterschrieb Giovan Battista Gaulli (Beiname: il Baciccio) aus Genua mit der Gesellschaft Jesu einen Vertrag zur Erstellung von Fresken und der Vergoldung am Gewölbe des Kirchenschiffs, in der Kuppel, in den Zwickeln und im Querschiff der Jesus Kirche. Der 1639 geborene Gaulli hatte sich schon als Porträtist einen gewissen Namen gemacht, war jedoch weniger erfahren als Dekorateur. Das geringe Vertrauen, das die mächtigen Jesuiten in den jungen Künstler hatten, zeigt sich im Vertrag, den sie ihn unterschreiben ließen. Der sah vor, dass der Maler die riesige Fläche auf eigene Kosten dekorieren musste und das Werk spätestens bis 1682 fertig zu sein hatte. Außerdem wurde verlangt, dass das Werk einer Begutachtung durch ein Expertengremium zu unterziehen war und dass der Künstler, im Falle eines Irrtums, den Fehler kostenlos zu korrigieren hatte. Das von Baciccio in nur kurzer Zeit geschaffene Werk übertraf alle Erwartungen. Noch heute betrachtet man es einhellig aufgrund der Schwindel erregenden und atemberaubenden Bewegung seiner Figuren, die illusionistisch den Rahmen sprengen, als sein absolutes Meisterstück. Er schuf damit ein Unikum, in dem sich Malerei, Bildhauerei und Architektur verbinden, und das ein Symbol für die große Barockdekoration an sich wird. Am Gewölbe malte er den Triumph im Namen Jesu und drückte damit, auf breiter Skala, einen Wesenszug in der jesuitischen Propaganda aus: die Verherrlichung der missionarischen Funktion. Um dieses Thema darzustellen, inspirierte sich Gaulli an dem kühnen und revolutionären Fresko, das Pietro da Cortona im Palazzo Barberini gemalt hatte. Die gesamte Komposition dreht sich um den leuchtenden Kreis mit dem Emblem der Gesellschaft (IHS) am Gipfel des Gewölbes. Ein helles Licht bescheint die Heiligen und Seligen, während es auf die Verdammten und Ketzer niederfällt. Durch einen eindrucksvollen illusorischen Effekt scheinen sie aus dem Stuckrahmen des Gemäldes in den physischen Raum der Kirche heraus zu fallen. Die warmen, leuchtenden Farben, der Kontrast zwischen den Braun, Blau- und Rottönen der in starkem Helldunkel gemalten Figuren einerseits und das helle Leuchten des Namen Jesu andererseits schaffen einen Gesamteffekt von „kosmischer" Dramatik. Zusammen mit den Gläubigen wohnen 16 Figuren dem schrecklichen Ereignis bei. Sie sind aus Stuck gearbeitet und in den Fensterhöhlen längs des Hauptschiffs angebracht. Durch ihren starrem Blick und ihr Bangen tragen sie nicht nur dazu bei, die Dramatik zu erhöhen. Sie weisen auch durch die Personifizierung verschiedener Länder wie Peru, Äthiopien, Mexiko und China auf die missionarische Tätigkeit der Jesuiten hin.

31

Giovanni Lanfranco, Fresken in Sant'Andrea della Valle

Der Schüler von Agostino Carracci, Giovanni Lanfranco, begab sich 1602 nach Rom. Allerdings sollte es sein Aufenthalt in Parma in den Jahren 1610 bis 1612 sein, die seinen Malstil völlig veränderte. Wesentlichen Einfluss hatten dabei die Werke von Correggio, die ihn seine Malerei durch naturalistische Fülle und akzentuierte Dynamik beträchtlich bereichern ließen. Aus diesen Voraussetzungen erwuchs die Kuppeldekoration in der Sant'Andrea della Valle Kirche mit ihren grandiosen, illusionistischen Effekten, deren Originalität einen grundlegenden Einfluss auf die Entwicklung in der dekorativen Barockmalerei hatte. Lanfranco war 1612 von den Theatinern mit der Ausschmückung der Kuppel in ihrer Mutterkirche beauftragt worden. Das von Costanza Piccolomini d'Aragona gewollte Gebäude hatte man 1591 begonnen. Carlo Maderno brachte die Arbeiten in der ersten Hälfte des 17. Jahrhunderts zu Ende. Während der klassizistische Maler Domenichino aus Bologna die Fresken in der Apsiskuppel und in den Zwickeln ausführte, schuf Lanfranco ein überschwängliches und komplexes Programm, in dem sich frei und dynamisch im Raum bewegende Figuren, bar jeglicher architektonischer Stützen, mit einer plastischen Wahrnehmung der Körper vereinigen. Das ist eindeutig von Annibale Carracci und seiner zarten Farbgebung abgeleitet. Der Maler arbeitete an diesem Freskenzyklus, der ein wesentlicher Bezugspunkt für die illusionistische Dekoration wurde, von 1621 bis 1627. Dank des geschickten Einsatzes von leuchtenden Farben und Hell-Dunkel-Effekten entsteht eine Kontinuität zwischen realem und gemaltem Raum. Die Figuren sind äußerst naturalistisch dargestellt und scheinen in dem dicht mit Wolken bestückten Himmel frei zu schweben. Der Blickpunkt der Komposition, der durch einen harmonischen Aufbau geschaffen wird, ist die Figur der Jungfrau. Sie ist in der Mitte, umringt von Heiligen, Seligen, etwas maliziös dreinschauenden Putten und musizierenden Engeln. Die Figuren sind spiralförmig angelegt, fast als würden sie von der, mit Girlanden und Reigen tanzenden Putten geschmückten Laterne angezogen. Die Malerei erstreckt sich über die gesamte achteckige Kuppel bis zu den Fenstern. Alles ist luftig und fröhlich. Man spürt die Vorwegnahme der atemberaubenden Wunderwerke des Spätbarock.

32

Barracco Museum

Der kleine Palast, in dem zurzeit das Barracco Museum untergebracht ist, wurde um 1523 wahrscheinlich nach Entwürfen von Antonio da Sangallo dem Jüngeren erbaut. Man nennt ihn auch „Farnesina ai Baullari“, weil er aufgrund des dekorativen Elements der Lilie irrtümlicherweise der Familie Farnese zugeschrieben wurde. In Wirklichkeit bezieht sie sich auf das Wappenzeichen des Bretonen Le Roy. Das nach der Plünderung Roms im Jahre 1527 restaurierte Gebäude wurde mit der Zeit immer wieder verändert, besonders, als der Corso Vittorio Emanuele eröffnet wurde. Die durch den Architekten Guy im 19. Jahrhundert vorgenommenen Arbeiten haben sein Aussehen derart beeinträchtigt, dass es nur von der Seite der Via dell'Aquila bemerkenswert ist. Seit 1948 befindet sich hier die wunderbare Sammlung von sumerischer, assyrischer, ägyptischer, griechischer, etruskischer und römischer Kunst, die der Gemeinde Rom 1902 von Giovanni Barrocco vermacht wurde. Damals ließ der adlige Sammler nach Entwürfen von Gaetano Koch auf eigene Kosten ein elegantes Gebäude errichten, dass 1938 Bebauungsplänen im Corso Vittorio Emanuele zum Opfer fiel. Die Skulpturen wurden damals in das Lager der Kapitolinischen Museen gebracht und blieben dort bis 1947. Erst in jenem Jahr fanden sie ihre endgültige Aufstellung im Palazzo Le Roy. Die aus circa 380 Stücken bestehende Sammlung, die von Barracco direkt bei Ausgrabungen oder bei Antiquaren erworben wurden, umfasst diverse Materialien, anhand derer die Kunstgeschichte der Antike nachvollzogen werden kann. Die Ausstellung ist in thematische Säle unterteilt und chronologisch geordnet. Sie beginnt bei der ägyptischen Periode und endet bei der spätkaiserlichen Zeit. Im ersten Stock sind in der Folge: die ägyptischen, sumerischen, assyrischen, etruskischen und zypriotischen Skulpturen. Im zweiten Stock sind griechische, römische und mittelalterliche Werke. Bedeutend sind vor allem die Kopien aus römischer Zeit von berühmten griechischen Originalen: Der Kopf des Apollo Lykeion, die verletzte Hündin von Lysippos, der Marsyas von Myron, die Köpfe von Diophoros und Diadumenos von Poliklet, der Kopf von Kassel.

Relief mit edlen Damen, beim Aussuchen von Stoffen.

Kopf eines Priesters oder von Julius Cäsar. Folgende Seite: Grabrelief.

Annibale Carracci, Landschaft mit der Flucht nach Ägypten
Galerie Doria Pamphili

Die Landschaft mit der Flucht nach Ägypten ist eine der sechs Lünetten mit Geschichten von der Jungfrau, die einst die Kapelle des Kardinals Pietro Aldobrandini im Palazzo Corso zierten. Den Auftrag bekam Annibale wohl um 1603, allerdings dauerte die Ausführung sehr lange. Aufgrund der sich ständig verschlechternden Gesundheit des Meisters wurden die Lünetten von seinen Schülern unter der Leitung von Francesco Albani verwirklicht. Bis Ende des 17. Jahrhunderts betrachtete man dieses Werk als reines Landschaftsbild. In dieser Zeit hatte man geradezu eine Schwemme dieses Genres in den Eingangssälen, den Galerien und den Studierzimmern der Paläste. Besonders beliebt waren dabei die Flamen. An den Wänden der Petruskapelle und besonders bei der Flucht nach Ägypten passierte etwas völlig Neues. Annibale schuf eine Konzeption von Landschaft, die zu einem Fixpunkt in der klassizistischen Kunst Europas wurde. Erlauchte Geistigkeit und Natur verschmelzen zu einer perfekten „idealen“ Landschaft, weit entfernt von dem Deskriptivismus der flämischen Malerei. Die angestrebte Wirkung ist die von einer perfekten Einheit zwischen den Gefühlen der heiligen Personen, ihrer Geschichte und der sie umgebenden Landschaft. Daher wird sie bei aller, durch Licht, Farben und atmosphärische Effekte wiedergegebenen Wahrhaftigkeit bei der Darstellung ideell aufgebaut. Auch die Anlage der Gebäude in der Ferne ist geschickt ausgedacht. Sie gleichen die Komposition aus. Die dargestellten Tiere beleben die Geschichte, so wie in diesem Fall die nur angedeuteten und fast durchscheinend wirkenden Kamele am Horizont im Hintergrund. Auch die Bäume links im Halbschatten unterstreichen ihre Silhouette durch den Effekt von Gegenlicht. Durch sie sieht man den Wasserspiegel und die Atmosphäre hervorschimmern. Ausgeglichen wird das Ganze durch die Bäume hinten rechts. Es handelt sich um eine ganz neue Formel. Alles ist friedlich, nachdenklich, klassisch und natürlich. Die Vereinfachung und die Klarheit im Ausdruck der Gefühle ist noch auf die Renaissance zurückzuführen. Ziel ist die Darstellung der antiken Schönheit, einer perfekten, bis zum Horizont reichenden Landschaft sowie hellblauer Weiten und einer hellen, alles erfüllenden Beleuchtung.

34

Filippino Lippi, Fresken in der Carafa-Kapelle Santa Maria sopra Minerva

1488 wurde Filippino Lippi auf Fürsprache von Lorenzo il Magnifico nach Rom berufen, um die Kapelle des Kardinals Oliviero Carafa in der Santa Maria sopra Minerva Kirche mit Fresken auszumalen. In jener Zeit beabsichtigte Lippi die Dekoration der Kapelle für Filippo Strozzi in der Santa Maria Novella Kirche in Florenz zu übernehmen und nutzte diesen Romaufenthalt dafür, die Antike zu studieren, besonders was „Vasen, Kleidung, Trophäen, Fahnen, Helmschmuck, Verzierungen jener Zeit, Kopfbedeckungen, außergewöhnliche Trachten, Rüstungen, Säbel, Schwerter, Togen, Umhänge und andere diverse und schöne Dinge“ betraf. So zumindest schrieb es Giorgio Vasari im Jahre 1568. Kardinal Carafa bezeichnete den Künstler in einem Brief von 1488 als „neuen Apelle“, während Vasari ihn „sehr vage in seinen Erfindungen“ nannte. Er arbeitete sehr zügig an dem Projekt, das er der Strozzi-Kapelle voranstellte, und schloss es bereits im September 1489 ab. Das humanistische und theologische Programm der Kapelle ist eindeutig der päpstlichen Vorherrschaft gewidmet. Allegorien und märchenhafte Erzählung vereinigen sich zu einem Ganzen. Die klassischen Architekturen, die das Fresko umschließen, sind der Hintergrund für die darzustellenden Szenen. Sie sind voller Phantasie und überladen mit Groteskendekorationen. Zu sehen ist auch ein reiches Repertoire an archäologischen Motiven: Girlanden, Friese und Heldenfiguren verzieren die Ansichten und überwiegen sogar. In einigen Fällen ist die Darstellung der Antike sehr präzise. Sie zeigt das gründliche Studium der Klassik auch in philosophischer Hinsicht. So zum Beispiel bei der Szene mit dem Triumph des Heiligen Thomas, bei der Filippino im Hintergrund eine erlesene Ansicht von Rom mit der Statue von Marc Aurel beim Lateran liefert. Einen illusionistischen Stil und eine besondere Empfindsamkeit in der Erzählung prägt auch die Szene mit der Verkündigung. Sie ist als vorgetäuschte Altartafel in das Fresko eingearbeitet und von einem erlesenen Stuckrahmen umringt.

Pantheon

Das Pantheon steht im römischen regio IX, das dem Campo Marzio (Marsfeld) entspricht. Einer Legende nach soll der Campo Marzio ursprünglich den Tarquiniern als agro regio gehört haben. Nach der Ausweisung des letzten etruskischen Königs aus Rom im Jahre 509 v. Chr., dem Anfang der Republik, wurde die Gegend öffentlicher Besitz. Unter Augustus begannen Arbeiten zur Monumentalisierung des mittleren Teils des Campo Marzio, sowie zum Wiederaufbau von Gebäuden im Gebiet des Circo Flaminio. Der allen Göttern geweihte Tempel sollte ein Symbol für Kaiser Augustus und seine Familie sein, die gens Iulia. Das heutige Aussehen des Pantheon geht auf Hadrian zurück, der es zwischen 118 und 125 n. Chr. überarbeiten ließ. Dabei nahm man den Grundriss des vorherigen Gebäudes wieder auf. Allerdings erhöhte man die begehbare Fläche und reduzierte die Vorhalle auf acht Säulen. Die am Architrav angebrachte Inschrift, die sich auf die Erbauung des Tempels durch Agrippa bezieht, stammt von Hadrian, der seinen eigenen Namen niemals an den Gebäuden anbringen ließ, die unter ihm errichtet wurden. Ausnahme davon ist nur der Trajanstempel. Eine zweite, in kleinen Buchstaben ausgeführte Inschrift erinnert an die Restaurierungen durch Settimio Severo und Caracalla im Jahre 202 n. Chr. Der byzantinische Kaiser Foca schenkte das Pantheon 609 n. Chr. Papst Bonifazius IV. Dadurch wurde der Tempel zur Kirche Santa Maria ad Martyres. In das Pantheon gelangte man über eine Treppe, auf die ein großer Portikus mit acht, aus einem einzigen Block geschaffenen Granitsäulen mit Kapitellen und Sockeln aus weißem Marmor folgte. Dahinter kamen weitere zwei Reihen von vier Säulen, die drei Schiffe schufen. Die monumentale Bronzetür am Eingang ist wahrscheinlich noch die originale, wenngleich sie stark restauriert wurde. Die Kuppel des Pantheon ist die größte je in Mauerwerk gebaute. Ihr Durchmesser ist 43,30 m. Sie wurde mit einer einzigen Schüttung auf einen riesigen Rüstbogen aus Holz geschaffen. Durch den Einsatz von Beton zwischen Tuffstein und anderen vulkanischen Schlacken konnte man die Kuppel leicht halten. Die Höhe des Tempels vom Boden bis zur Kuppelspitze stimmt genau mit dem Durchmesser des Gebäudes überein. Der Innenraum des Monuments ist also wie eine Kugel und basiert auf dem perfektem Gleichgewicht der Proportionen. Innen ist die Kuppel mit fünf Reihen Kassetten verziert, die ursprünglich wohl mit vergoldeten Bronzeelementen versehen waren.

36

Andrea Pozzo, die Glorie des Heiligen Ignatius Sant'Ignazio

Als General Oliva im Jahre 1680 den 38-jährigen Andrea Pozzo nach Rom berief, war die 1642 eingeweihte Sant'Ignazio-Kirche noch ohne jegliche Dekoration. Der in Trient geborene Pozzo war Jesuit und hatte schon einen gewissen Erfolg in Norditalien durch die effektvoll perspektivisch gestaltete Dekoration diverser Kirchen dieses Ordens erzielt. Als er nach Rom kam, widmete er sich der Ausschmückung dieser Kirche, indem er eine Reihe von Geschichten zu Heiligen und zur Gesellschaft Jesu im Korridor des angeschlossenen Konvents malte, sowie eine vorgetäuschte Kuppel mit herausragenden architektonischen Motiven. Es handelte sich dabei im Grunde um ein großes Gemälde mit derart perspektivisch dargestellten Effekten, dass es dem Betrachter die Illusion einer echten Kuppel verschaffte. Damals nannte man sie „ziemlich vage und gekünstelt". Die Zwickel mit den biblischen Figuren, der Chor und schließlich das Aufsehen erregende Gewölbe im Hauptschiff basieren auf perspektivisch verkürzt dargestellten Architekturen mit der Glorifizierung des Namensgebers in der Mitte. Die Arbeiten am Gewölbe begannen im Jahre 1688. Auch in diesem Fall ging es um die Verherrlichung der missionarischen Tätigkeit der Jesuiten. Das Licht geht von Gottvater aus zum Sohn, der es an den Heiligen Ignatius weitergibt. Es teilt sich von ihm aus in vier Teile, die zu den Kontinenten führen. Die figurativen und architektonischen Elemente gehen auf diejenigen von Gaulli zurück und verschmelzen damit. Die vorgetäuschten Ansichten von Pozzo sind, sowohl was die Malereien in der Kuppel als auch in der Apsis oder im Gewölbe betreffen, eines der bemerkenswertesten Zeitzeugnisse für das Barock in Rom. Mit seiner Perspektive und der Idee einer vorgetäuschten Architektur, die den Raum in die Tiefe ausdehnt, schuf Pozzi außerdem ein Vorbild, das in der Folgezeit in vielen anderen italienischen, österreichischen und deutschen Kirchen nachgeahmt wurde.

Andrea Pozzo, *Allegorie Afrikas*, und oben, *Allegorie Asiens.*

Andrea Pozzo, *Die Ankunft des Heiligen Ignatius im Paradies.*

Piazza Navona

Dank ihrer länglichen Form nimmt die Piazza Navona eine vorrangige Stellung unter den zahlreichen, historischen Plätzen Roms ein. Sie entstand auf dem Gebiet des antiken Stadions von Domitian, wo Märkte und Volksfeste abgehalten wurden. Im 17. Jahrhundert wurde sie, auch dank des Palazzo Pamphili, eine Art Salon der Stadt. Es wurden reich dekorierte Gebäude und Monumente errichtet, die die räumliche Homogenität noch weiter hervorhoben, die schon vorher durch die Regelmäßigkeit der Fassaden und der einheitlichen Farben da gewesen war.

Die unter der Schirmherrschaft von Innozenz X. Pamphili durchgeführten städtebaulichen Veränderungen am Platz bestimmten auch die übrige.

Man riss einige Straßenzüge ab und errichtete die von Bernini geschaffene konkave Fassade der Sant'Agnese Kirche, die sich in die anderen Gebäude einfügte, indem sie deren wesentliche architektonische Motive wieder aufnahm und ein Beispiel für dynamische Ergänzung zwischen Gebäude und dem Raum davor liefert. Man sieht, wie sie sich verlängert und in den Kirchenkörper hineinwächst. Bei der Anlage des Platzes spielen auch die drei Brunnen eine wichtige Rolle.

Sie unterteilen den riesigen, horizontalen Raum in vier Teile und rücken dadurch den Brunnen der vier Flüsse von Gian Lorenzo Bernini symbolisch und real in den Mittelpunkt. Er ist eine spektakuläre Allegorie auf das gesellschaftliche Ansehen der Familie Pamphili.

Einer „natürlichen" Grotte entspringen die vier großen Flüsse. Man sieht exotische Pflanzen und Tiere. Der ägyptische Obelisk ist von einer Taube gekrönt, dem Symbol der Pamphili und des Heiligen Geistes.

Der Brunnen der Flüsse.

38

Caravaggio, Geschichten des Heiligen Matthäus San Luigi dei Francesi

Auf Vermittlung von Kardinal Del Monte malte Caravaggio von Juli 1599 bis Juli 1600 die zwei Seitengemälde für die Kapelle des Kardinals Contarelli in der Kirche San Luigi dei Francesi. Es war sein erster öffentlicher Auftrag. Das Thema war die Berufung des Heiligen Matthäus und das Martyrium des Heiligen Matthäus. Beide Werke sind außerordentlich, was die Darstellung einer Geschichte in Bewegung und mit voller Personen angeht, wo die symbolische Funktion des Lichts, das sich mit dem natürlichen Tageslicht in der Kapelle vermischt, eine Einheit herstellt. Mit diesen Gemälden bringt Caravaggio als erster die zeitgenössische Wirklichkeit in eine heilige Szene und in eine Kirchenkapelle hinein. Die dem sakralen Ereignis beiwohnenden Figuren tragen zeitgenössische Gewänder, sie sind in einem Moment ihrer Alltagswelt einfangen worden, sie sitzen im Wirtshaus beim Spielen. Die Berufung wurde als erstes Gemälde geschaffen. Die Szene ist um die Geste von Christus angelegt, der auf Matthäus zeigt und ein Echo in dessen Hand findet. Die zwei Gruppen werden durch ein einfallendes Lichtbündel miteinander verbunden, das oberhalb von Christus' Kopf von außen einfällt. Das Licht ist zugleich göttlich und natürlich. Es stellt einen stilistischen Kniff dar, um den offensichtlichen Kontrast zwischen den modernen Kleidern des Heiligen Matthäus und seiner Kameraden, sowie die göttlichen Attribute des barfüßigen, in

einen antik aussehenden Umhang gehüllten Apostels hervorzuheben. Bei dem Martyrium ist der Angelpunkt des Bildes der Henker, der ausholt, um den Märtyrer zu schlagen. Um die Zentralfigur herum sind andere Personen angelegt, die sich im Dunkeln des Hintergrundes verlieren. Caravaggio hält den dramatischen Augenblick des Todes mit dem Licht fest. Das ist auf den Körper des Scharfrichters und die Geste des Engels konzentriert, der dem Heiligen die Palme des Märtyrers reicht. Die Tafel vom Heiligen Matthäus und dem Engel, die 1602 in nur dreieinhalb Monaten entstand, wurde nach ihrer Aufstellung in der

Kapelle, glaubt man Bellori „von den Mönchen entfernt, weil diese Figur weder Anstand noch Aussehen eines Heiligen hat, wie sie dort lässig die Beine hält und dem Volk auf ungezogene Weise die Füße zeigt.". Zu stark war für die Bruderschaft der Eindruck, dass dieser Heilige sich als Analphabet von einem Engel beim Lesen helfen ließ. Daher ersetzte Caravaggio das Bild durch eine neue Version, die eher dem Geschmack der Mönche entsprach. Bei ihr ist der Heilige kein Bauer mehr, sondern ein Weiser, der von einem fliegenden Engel hinter ihm eingeholt wird.

Caravaggio, *Die Berufung des Heiligen Matthäus.*

Caravaggio, *Das Martyrium des Heiligen Matthäus.*

39

Palazzo Altemps

Der elegante Palazzo wurde Ende des 15. und Anfang des 16. Jahrhunderts erbaut. Nach einer grundlegenden Restaurierung durch die Denkmalschutzbehörde Roms nimmt er heute wieder einige antike Stücke auf, die dem ersten Besitzer, Kardinal Marco Altemps gehörten, sowie zahlreiche andere, die sich im Besitz römischer Adelsfamilien befanden. Sie sind in den mit Fresken verzierten Sälen nach Sammlungskriterien aufgestellt. Die Skulpturen stammen aus der Sammlung Mattei in der Villa Celimontana, aus der Sammlung Del Drago und der Sammlung Boncompagni-Ludovisi aus dem 17. Jahrhundert, deren wichtigste Werke von berühmten Barockkünstlern wie Gian Lorenzo Bernini und Alessandro Algardi (der Diskuswerfer, der Akrolyth, der Ludovisi-Thron, der Ares, die Juno, die Erinnyen, der Ludovisi Sarkophag, und der Gallierfürst und seine Frau) restauriert wurden. Hoch interessant sind auch die ägyptischen Skulpturen, die im Sanktuarium der Isis auf dem Campo Marzio gefunden wurden, sowie die prunkvolle Kirche des Heiligen Aniceto, die Giovanni Altemps in den Jahren von 1603 bis 1618 in seinem Wohnsitz hatte errichten lassen und die von Pomarancio mit Fresken verziert wurde.

Ansicht der Fresken
in der Loggia.

40

Ludovisi-Thron
Museum des Palazzo Altemps

Auf dem Gebiet der Horti Sallustiani wurde, allerdings erst 1887, das Relief gefunden, das unter dem Namen Ludovisi-Thron bekannt ist. Im Moment seiner Auffindung ging man davon aus, es handele sich dabei um die Rücklehne eines Throns für eine kolossale Kultstatue. Das aus Marmor gearbeitete Relief von Thasos ist ungewöhnlich in seiner Form, als aus drei Platten bestehendem Triptychon. An den Seiten sieht man weibliche Figuren im Profil, eine ist in einen Mantel gehüllt, ist verschleiert und streut Weihrauch auf einen Duftrauchbrenner, während die andere nackt ist und auf einer Doppelflöte spielt. Die als Halbbüste dargestellte Göttin auf der Frontseite trägt einen dünnen Chiton. Zwei Mägde halten einen Schleier vor ihren Unterleib. Daher interpretierte man sie als Aphrodite, die aus dem Meer geboren wird. Die Besonderheit in der Form und auch die dargestellte Szene heizen noch immer die Diskussion der Experten an. Auch bestehen Zweifel bezüglich der Authentizität des Werkes. Aus stilistischen Gründen wurde das Relief auf die Zeit um 460-450 v. Chr. datiert und großgriechischer Herkunft zugeschrieben. Glaubt man der vorherrschenden Meinung, wurde es in der griechischen Kolonie Locri Epizefiri als sakraler Einrichtungsgegenstand für einen Aphrodite-Tempel ausgeführt.

41

Gallierfürst und Frau
Museum des Palazzo Altemps

Viele Werke in der Ludovisi-Sammlung wurden dort ausgegraben, wo die Villa der Familie erbaut wurde. Schon zur Zeit der Antike war hier eine Luxusresidenz von Caesar gewesen, die später in den Besitz eines seiner Freunde, den Schriftsteller Sallust, überging. Danach fiel es an die Kaiser zurück. Unter den Fundstücken befindet sich auch die Skulptur des berühmten Gallierfürsten, der seine Frau tötet und anschließend sich selbst, um nicht in die Hände der Feinde zu fallen. Die nach dem Original aus Bronze reproduzierte römische Kopie gehörte zu einer Schenkung, die der Bildhauer Epigonos um 230 v. Chr. geschaffen hatte, um den Sieg des Königs von Pergamon, Attalos I., über die Galater (Kelten aus Kleinasien) zu feiern. Die Gruppe muss in der Mitte eines runden Sockels gestanden haben und von anderen besiegten Barbaren umringt gewesen sein, so wie der sterbende Gallier, der sich heute in den Kapitolinischen Museen befindet. Die Herkunft der Statuen lässt die faszinierende Vermutung aufkommen, dass es Caesar war, der sie hatte anfertigen lassen, um seinen Sieg gegen die Gallier zu feiern. Bei diesem Meisterwerk der hellenistischen Kunst aus Pergamon fällt besonders die pyramidale Komposition auf, die auf entgegen gesetzten Achsen aufgebaut ist. Auch die ethnische Charakterisierung der Personen, die gewaltige Muskulatur des Gallierfürsten und die Einbeziehung des Betrachters in den Raum der Skulptur ist ungewöhnlich. Fast scheint es, als solle man sympathetisch am Schicksal der Besiegten teilhaben und Respekt vor deren Ende empfinden.

42

Caravaggio, die Rosenkranzmadonna
Sant'Agostino

Es ist eine Frau aus dem Volke, die ihr Kind im Arm hält, während sie aus der Haustür eines ganz gewöhnlichen römischen Hauses herausschaut und die beiden Wanderer mit den schmutzigen, nackten Füßen und geflickten Kleider begrüßt. Mit ihren Pilgerstöcken und gefalteten Händen knien sie vor der Frau nieder, die ihnen so nah und gleichzeitig fern ist, dass die sie umgebende heilige Dimension fast greifbar scheint. Baglione erzählt, wie das Bild im Jahr 1620 in der Kapelle von Ermete Cavalletti in der Sant'Agostino Kirche angebracht wurde und das Volk entsetzt war. Das Problem war wieder einmal die übertrieben dargestellte Wirklichkeit Caravaggios, mit der er den tiefen Kern der eigenen religiösen Dimension darstellen wollte. Aber anhand der schmachtenden Pose und der Natürlichkeit des Fleisches bei der Madonna konnten die Römer sofort die Frau erkennen, die für Caravaggio mit ihrem Kind Modell gesessen hatte. Es war Maddalena Antognetti, genannt Lena, die als Geliebte vieler einflussreicher Männer stadtbekannt war. Ihr Leben als Kurtisane hatte ihr kurz zuvor sogar Schwierigkeiten mit der Justiz eingebracht. Zu den Gründen für das „Gekreische" der Leute gehörte neben den religiösen Dingen die Schwierigkeit, sich im Gebet vor einer Figur zu verneigen, die so gar nichts Spirituelles an sich hatte. Und dabei hatte Caravaggio mit seiner Hinwendung zum Wahren, wie man es an den schmutzigen Füßen des Pilgers im Vordergrund sieht, in diesem Gemälde das Gegenstück zu dem gelungenen Vorbild von Tizian geschaffen. Auch das samtige Rot beim Mieder der Madonna ist eindeutig dem großen venezianischen Meister entlehnt. Die feinen Bezüge konnten für das Volk nicht von Bedeutung sein. Auch die Pose war unverständlich und das Profil der Madonna allzu sehr an der statuarischen Haltung der Klassik inspiriert.

43

Trevi Brunnen

Der Trevi Brunnen ist eine gelungene Verbindung zwischen Klassizismus und Barock. Er wurde im Auftrag von Klemens XII. als Zurschaustellung des Jungfräulichen Wassers von Nicola Salvi geschaffen. Schon Papst Urban VIII. Barberini hatte die „Umgestaltung“ des Platzes und des Brunnens bei Gian Lorenzo Bernini in Auftrag gegeben. Allerdings kam das nie zur Ausführung. Der von 1732 bis 1763 erbaute Brunnen steht seitlich des Palazzo Poli und stellt ein völlig neuartiges und phantasievolles Zusammenspiel von Architektur, Bildhauerei und Naturelementen dar, das noch stark von Bernini beeinflusst ist. Das Thema ist das Meer. Die szenische Anordnung wird durch eine muschelförmige Kutsche dominiert, auf der die große Neptunstatue von Pietro Bracci steht. In seitlichen Nischen sieht man die Statuen der Heilsamkeit und des Überflusses. Sie sind Werke von Filippo Della Valle. Die Kutsche wird von Seepferdchen gezogen, denen Tritone voranschreiten. Die Meeresgottheiten sind auf Klippen aus unregelmäßigen Travertinblöcken angebracht, die aus dem Wasser ragen. Das Ganze zieht sich bis zur Fassade des dahinter stehenden Palazzo hin, der durch strenge, an der Klassik orientierte Formen eines Triumphbogens gekennzeichnet ist. Hier stehen weitere Statuen, sowohl auf Höhe der Nischen, als auch in der Attika. Abschließend ist oben eine elegante Balustrade. Die Häuser sind ganz nah an dem grandiosen Monument. Dadurch entsteht der Eindruck eines Amphitheaters, während das Geplätscher des Wassers bis in die versteckten Winkel der umliegenden Straßen hineinreicht. Tritt man aus ihnen hervor, ist es für den Betrachter ein atemberaubendes Schauspiel, dieses weißes Wunderwerk plötzlich vor sich zu sehen.

CLEMENS XII PONT MAX
AQVAM VIRGINEM
COPIA ET SALVBRITATE COMMENDATAM
CVLTV MAGNIFICO ORNAVIT
ANNO DOMINI MDCCXXXV PONTIF VI
PERFECIT BENEDICTVS XIV PON MAX

Palazzo Barberini

Der Aufstieg der Familie Barberini zu einer der mächtigsten in ganz Rom, ist eng mit der kirchlichen Karriere des im Jahre 1623 mit dem Namen Urban VIII. zum Papst gewählten Kardinals Maffeo Barberini, verbunden. Von jenem Zeitpunkt an konsolidierte sich das Ansehen der Familie in der päpstlichen Hauptstadt und fand mit der Errichtung des grandiosen Palastes ihren Höhepunkt. Er sollte zu einem der am meisten bewunderten in ganz Rom werden. Für die Erbauung und die Dekoration wurden einige der berühmtesten Künstler berufen, wie z.B. Carlo Maderno, Gian Lorenzo Bernini und Francesco Borromini, die elegant miteinander wetteiferten, wie es auch Pietro da Cortona und Andrea Sacchi bei den Malereien taten. Alles, von der Architektur bis zu den prunkvollen Fresken

und Innenausstattungen, sollte die Autorität und den Reichtum des Hauses bezeugen, das auf diese Weise eine unauslöschliche Spur in der Stadt hinterließ. 1629, dem Todesjahr von Maderno, war der Bau gerade erst begonnen worden. Es war daraufhin Gian Lorenzo Bernini, der die Arbeiten übernahm und zum Hofkünstler der Barberini wurde. Er brachte zusammen mit Francesco Borromini, der in der ersten Zeit mitarbeitete und dem Maderno, Baldinucci zufolge, „die ganze Arbeit am Palast" in die Hände gelegt hatte, den Palast zur Vollendung. Auf Borromini sollen angeblich auch „alle Zeichnungen der Baustelle" zurückgehen. So schreibt es zumindest sein Biograph. Durch das Zusammentreffen dieser drei Künstler entstand eine der vollkommensten Residenzen des römischen Barock. Er wird zum Hintergrund für prunkvolle Feste dieser Familie. Der Cortile della Cavallerizza an der Nordseite des Gebäudes, wo heutzutage die Via Barberini verläuft, fand z.B. am Abend des 28. Februar 1656 ein prunkvolles Spektakel zu Ehren der schwedischen Königin Christina statt, einem bunten Turnier, zu dem eine elegante Parade von Karren und eigens dafür von Giovan Francesco Grimaldi kreierte Bühnenbilder gehörten. Das alles in Präsenz des Hochadels. Der Repräsentanzsaal des Palazzo Barberini wurde von 1633 bis 1639 mit dem grandiosen Fresko am Gewölbe dekoriert. Es stammt von Pietro da Cortona und stellt eine Allegorie zur Verherrlichung der päpstlichen Familie dar. Das Thema geht auf Francesco Bracciolini zurück. Es überwindet das kanonische

System der Aufteilung und Umrahmungen, wie es schon Annibale Carracci in der Farnese Galerie vorgemacht hatte. Es präsentiert sich in dem großen Saal wie ein immenser, unregelmäßig geformter Raum, wo sich Realität und Malerei in einer spektakulären Einheit verbinden. Der Eindruck der „Erweiterung" entsteht durch vorgetäuschtes Gebälk, das einen offenen Himmel einrahmt, in dem Szenen spielen, die die ideale Regierung und die Tugenden des Papstes, sowie die seiner Familie symbolisieren sollen. Der illusionistische Effekt entsteht auch durch die einfarbigen Rundschilder, wo Szenen aus der römischen Geschichte dargestellt sind, die sich auf Tugenden beziehen.

Prunktreppe mit dorischen Säulen und Wendeltreppe

45

Trinità dei Monti und Piazza di Spagna

Dort, wo Ende des 16. Jahrhunderts die Villa der Medici mit ihrem großen Park stand, war zur Zeit der Antike der Garten von Lucullus, der in der lateinischen Literatur für seine Lebenskunst und seine Leidenschaft für die leiblichen Genüsse angeführt wird. Kardinal Ricci erwarb dieses Terrain 1564 und ließ dort von dem florentinischen Architekten Nanni di Baccio Bigio einen Palast erbauen. Der große Sammler und Mäzen, Kardinal Ferdinando de' Medici, kaufte das Grundstück 1576 und übergab den Auftrag für ein ehrgeiziges Projekt an den florentinischen Architekten Bartolomeo Ammannati.
Ferdinando de' Medici war ein Liebhaber der Antike und konzipierte seine Villa als Museum mit einem erlesenen Galerie-Antiquarium. Auch der Garten wurde in Anlehnung an die von der Familie Medici in Pisa und Florenz geschaffenen botanischen Gärten ganz nach einem Willen zur Bühnenhaftigkeit entworfen. Er wurde dekoriert mit diversen seltenen Pflanzen und antiken Stücken. Erst im 19. Jahrhundert stieg der Palast zum Rang einer Kunstvilla auf, als er Sitz der Académie Française in Rom wurde.
Unterhalb der Villa liegt einer der pittoreskesten Plätze Roms, hinter dem sich die im 17. Jahrhundert geschaffene Prunktreppe zur Trinità dei Monti erhebt. Zu ihren Füßen liegt der charakteristische Brunnen der Barcaccia, der 1629 von Pietro Bernini geschaffen wurde.
Die Piazza di Spagna ist ein wunderschöner Hintergrund für die Via dei Condotti. Man könnte sie als eine wahre „Ikone" der Stadt bezeichnen. Schließlich ist sie eins der monumentalsten und eindrucksvollsten Gebilde im Stadtbild von Rom. Schon seit

dem 16. Jahrhundert vereinte sich hier, in dieser zwischen der Via Margutta und Via del Babuino gelegenen Gegend das Volk der Künstler und Literaten. Geschäfte, Wirtshäuser und elegante Gebäude lieferten den entsprechenden Rahmen. Im Übergang vom 17. zum 18. Jahrhundert veränderte der Platz sein Aussehen nach und nach und nahm die Schmetterlingsform an, die er heute noch aufweist. Ursprünglich trug der Platz den Namen Trinità. Man hatte ihn nach der gleichnamigen Kirche benannt, die ihn überragt. Erst später nannte man sie Piazza di Spagna und zwar aufgrund der hier befindlichen Residenz des Spanischen Botschafters. 1629 begaben sich Pietro Bernini und sein Sohn Gian Lorenzo an die Ausführung des Barcaccia-Brunnens, der an die Tiberüberschwemmung des Jahres 1598 erinnern sollte. Mit seiner charakteristischen Schiffsform sollte er eine Anspielung auf die von den Barberini geleitete Kirche sein. Die elliptische Form des Beckens mit dem Schiff darin ist der Blickpunkt des unteren Platzes. Einen einzigartigen Anblick bietet jedoch die Treppe, die mit zu den berühmtesten in der ganzen Welt gehört. Es war Francesco De Sanctis, der sie in den Jahren von 1723 bis 1726 im Auftrag von Papst Innozenz XIII. schuf. Sie sollte den Höhenunterschied zwischen der Trinità dei Monti und dem Platz darunter überwinden. Von der Konzeption her inspirierte sich der Baumeister dabei an dem Hafen von Ripetta. Diese am Tiber gelegene, später zerstörte Anlegestelle war 1704 von Alessandro Specchi gebaut worden.

Ara Pacis

Um die siegreiche Rückkehr von Augustus nach den Feldzügen in Spanien und Gallien zu feiern, beschloss der Senat 13 v. Chr. die Errichtung eines monumentalen Altars zu Ehren des Augusteischen Friedens, der 9. v. Chr. eingeweiht wurde. Er entstand westlich der Via Flaminia auf dem nördlichen Campo Marzio, einem stark durch die Augusteischen Eingriffe veränderten Gebiet. Der eigentliche Altar war von einer rechteckigen Mauer aus Marmor umgeben, die mit auf zwei Ebenen verlaufenden Reliefs verziert war. Im Inneren der oberen Ebene waren Girlanden und Opfergefäße, während in der unteren im Marmor die hölzernen Zaunpfähle dargestellt sind, die einst das Sakralgebiet umgaben. Außen waren die Platten unten mit ausgesprochen eleganten Akanthuskränzen verziert und oben mit grundlegenden Themen der Augusteischen Politik. Sie sind an der griechischen Kunst in klassischer und hellenistischer Epoche inspiriert. Die Paneele an den kurzen Seiten, also denen der zwei Eingänge, zeigen mythologische Szenen zur Gründung Roms und zur traditionellen Religion, die Augustus gern aufwerten wollte. Auf der einen Seite sieht man die so genannte Lupercal, also die Grotte, wo die Wölfin Romulus und Remus gesäugt haben soll. Außerdem ist dort das Opfer, das Äneas den Penaten darbringt. Auf der anderen Seite sind die Verkörperungen der Erde zu sehen, die üppig sind, weil Augustus den Frieden nach Rom gebracht hat. An den Längsseiten sieht man eine religiöse Prozession, bei der unter den Teilnehmern Augustus, Livia, der schon 12 v. Chr. verstorbene Agrippa und alle Mitglieder der Kaiserfamilie in hierarchischer Aufstellung zugegen sind. Die Position eines jeden wurde durch den Verwandtschaftsgrad mit dem Kaiser diktiert und durch die Rolle, die er in der Erbfolge spielte. Der Fries am Altar innen ist von Voluten gekrönt. Er stellt die Zeremonie dar, die alljährlich mit der kanonischen Opferung der drei Tiere, Schwein, Schaf und Stier im Beisein der Vestalinnen und der Priester stattfand. Sie entsprang der römisch-italischen Tradition.

Tellus. Oben: Detail der *Prozession mit Agrippa.*

Piazza del Popolo und Santa Maria del Popolo

"Du bist eine Welt, Rom!", rief Goethe aus, als er durch die Porta del Popolo nach tagelangem Marsch in Rom auf den harmonisch gestalteten Platz eintrat, dessen Weitläufigkeit im Norden von dem gleichnamigen Tor abgeschlossen und im Osten durch die Rampen des Pincio dominiert wird. Dreieinhalb Jahrhunderte geschickte Stadtplanung haben diesen Platz geprägt. Es war die Santa Maria Popolo Kirche, die seit dem Mittelalter die Pilger und Reisenden nach langem anstrengenden Weg in der Stadt an der Via Flaminia in Empfang nahm. Anfangs handelte es sich nur um eine mit dem Geld der Einwohner Roms bezahlte kleine Kapelle. Später erweiterte Papst Gregor IX sie im 13. Jahrhundert. 1250 wurde sie von den Augustinern übernommen und erneut verändert. Der stärkste Eingriff fand im 15. Jahrhundert statt, genauer gesagt 1475, während des Pontifikat von Sixtus IV., als die Kirche im Auftrag der Lombardischen Bruderschaft nach den Maßstäben und Vorstellungen der damaligen lombardischen Architektur umgestaltet wurde. Weitere Veränderungen wurden von Bramante, Raphael und Bernini durchgeführt. Die Dekoration und die bildhauerischen Werke, mit denen die

Kirche im 16. Jahrhundert ausgeschmückt wurde, machen aus ihr eins der komplettesten Beispiele für genau jenen künstlerischen Moment in den römischen Kirchen. Die von einigen berühmten, zur Zeit des 16. und 17. Jahrhunderts in Rom tätigen Künstlern hinterlassenen Werke machen aus ihr eine wahre Schatztruhe der Stadt. Hier sind u.a. Werke von Andrea Sansovino, Bernini, Caravaggio, Annibale Carracci und Carlo Maratta zu nennen. Anlässlich der Ankunft von Königin Christina von Schweden nahm der Platz durch die im Auftrag von Papst Alexander VII. Chigi geführte, äußerst geschickte Regie von Gian Lorenzo Bernini seine barocke Gestalt an. Auf Bernini geht auch der Wunsch „einer fröhlichen und freudigen Zusammenkunft“ mit den „Schwesterkirchen“ Santa Maria dei Miracoli und Santa Maria di Montesanto gleich am Anfang des Platzes zurück. Der barocke Prunk des Platzes wurde später von Giuseppe Valadier nach Kriterien der Aufklärung umgestaltet. Spiele, Messen und Volksfeste fanden hier statt. Hier startete das berühmte Rennen der Bàrberi zur Zeit des Karnevals, hier wurden Hinrichtungen durchgeführt. Zur Zeit Napoleons wurde ein Plan zu monumentaler Gestaltung entworfen, der von Valadiers revolutionärem Neoklassizismus beeinflusst war. Dadurch bekam der Platz seine Weite, mit den zwei Halbkreisen zu den Seiten und der Errichtung der Gebäude bei dem Tor.

Andrea Sansovino, *Monument des Kardinals Ascanio Basso della Rovere.*

Caravaggio, die Bekehrung des Heiligen Paulus und die Kreuzigung des Heiligen Petrus, Santa Maria del Popolo

Am 24. September 1600 verpflichtete sich Caravaggio für Monsignor Tiberio Cerasi zwei Bilder für die Kapelle zu malen, die der in der Santa Maria del Popolo Kirche erworben hatte: eins mit der Bekehrung des Heiligen Paulus und eins mit der Kreuzigung des Heiligen Petrus. Der reiche Auftraggeber war fasziniert von den Gemälden des Künstlers in San Luigi dei Francesi und wollte den lombardischen Meister nun mit einem anderen Erneuerer der Malerei zu Beginn des Jahrhunderts zusammenbringen, und zwar Annibale Carracci, den er mit der Ausfertigung einer Altartafel beauftragte, auf der Mariä Himmelsfahrt zu sehen sein sollte. Während Carraccis Werk sofort angenommen wurde, sah Caravaggio seines abgelehnt. Zu aufgeregt war die Szene, sodass sich der Künstler bei einer zweiten Version getreu an den Bibeltext hielt und die Szene ruhig und unbewegt darstellte. Die heilige Szene wirkt eher nach innen gekehrt und nur symbolisch heraufbeschworen. Die Komposition ist in der warmen Atmosphäre des Stalls angelegt und wirkt durch das von einem Knappen beruhigte Pferd von Natürlichkeit durchdrungen. Dem steht die perspektivisch verkürzt dargestellte Figur vom Heiligen Paulus gegenüber. Der breitet seine Arme aus, um die göttliche Offenbarung zu empfangen, die durch die aus der Ecke rechts oben kommenden Strahlen dargestellt ist. Sie sind Caravaggios einziges Zugeständnis an das Übernatürliche. Auch bei der Kreuzigung vom Heiligen Petrus löste Caravaggio die Komposition so auf, dass er das Thema in der gleichen Atmosphäre des Verharrens anlegte. Es sind wenige diagonal angelegte Bezugslinien, auf denen die Komposition aufbaut. Durch sie werden die stille Anspannung der Muskeln eines jeden der drei Schurken beim Anheben des Kreuzes sowie der intensive, bereits entrückte Blick von Petrus eingefangen. Das klare Licht hebt sich gegen den dunklen Hintergrund ab und trägt dazu bei, den Zuschnitt der Komposition näher heranzurücken. Bei beiden Werken herrscht das Licht wieder einmal als vereinende Funktion vor. Es hebt die stille Energie der Formen und Farben hervor, wie z.B. bei den Rot- und Brauntönen, sowie dem Weiß der Gewänder, und schafft dunkle Schatten auf dem Boden.

Aussenbezirke und Viertel westlich vom Tiber

49. **Circus Maximus**

50. **Caracalla-Thermen**

51. **Pyramide von Gaius Sextius**

52. **Santa Sabina**

53. **Ponte Rotto und Cloaca Maxima**

54-55. **Santa Cecilia in Trastevere**
Arnolfo di Cambio, *Ziborium*
Pietro Cavallini, *Das Jüngste Gericht*

56. **Santa Maria in Trastevere**
Pietro Cavallini, *Geschichten der Jungfrau*

57. **San Pietro in Montorio und der kleine Bramante-Tempel**

58-60. **Villa Farnesina alla Longara**
Raphael, *Galatea*
Raphael, *Loggia der Psiche*

61. **Engelsbrücke**

62. **Die Engelsburg**

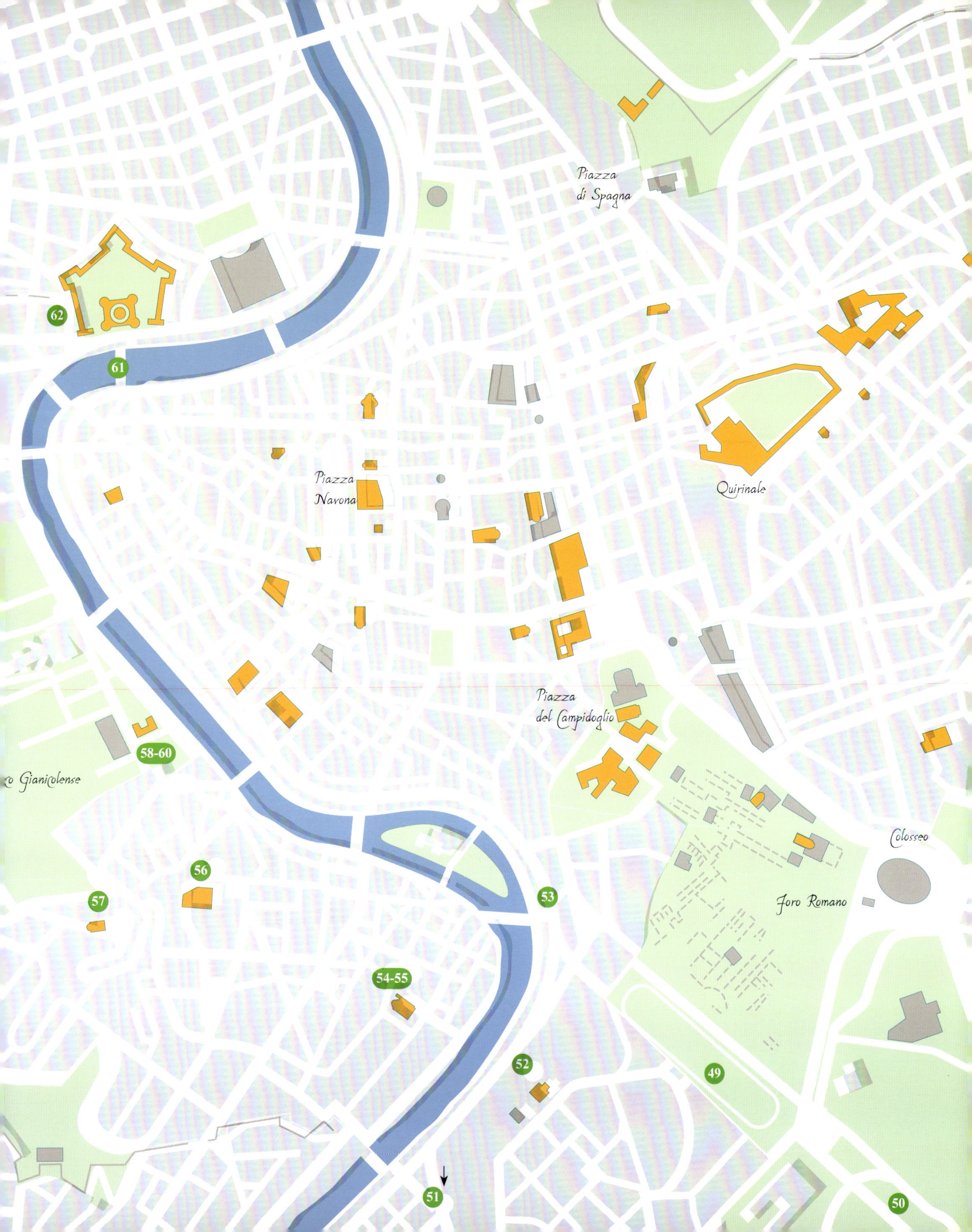
Piazza di Spagna
62
61
Piazza Navona
Quirinale
Piazza del Campidoglio
58-60
o Gianicolense
Colosseo
56
57
53
Foro Romano
54-55
52
49
51
50

Circus Maximus

Ab Mitte des 1. Jahrhunderts v. Chr. wurden in Rom die ersten, für Spektakel genutzten Gebäude aus Mauerwerk errichtet. Davor hatte man lediglich provisorische Holzstrukturen auf den wichtigsten Plätzen der Stadt aufgestellt. Während die Theater halbrunde Stufen hatten und zur Aufführung von Dramen, Pantomimen oder Komödien dienten, waren die Amphitheater elliptisch. In ihnen fanden Gladiatorenkämpfe und Tierhetzen statt. Zu republikanischen Zeiten fanden in Letzteren auch Circusse und Wagenrennen statt, wie z.B. im Circus Flavius auf dem Campo Marzio (223 v. Chr.) und im Circus Maximus, beide in natürlichen Tälern gelegen. Der Legende nach soll Romulus im Circus Maximus die Sabiner zu herrlichen Spielen gelockt haben, um in der Zwischenzeit ihre Frauen entführen zu können. Das römische Volk verfolgte die Spiele voller Leidenschaft. Daher wurden die aus Anlass von religiösen Festlichkeiten oder anderen Jubiläumsfeiern organisierten Spiele, zusammen mit der Verteilung von Getreide („panem et circensis") von der herrschenden Klasse oft als Propagandamittel benutzt, um die Gunst der Bürger zu erlangen. Der Circus

Maximus ist der größte der Stadt und wurde zur Zeit der Könige im Murcia-Tal angelegt, einem natürlichen Becken, das den Palatin vom Aventin trennt. Ursprünglich musste sich das Volk auf die mit Gras bewachsenen Hänge setzen, aber nach und nach entstanden die gemauerten Stufen. Er ist 600 m lang und 140 m breit. Er konnte in Augusteischen Zeiten 150 000 Zuschauer fassen, 250 000 nach der Erweiterung unter Nero. In der Mitte der Piste war in der Längsachse ein länglicher, spina genannter Sockel, auf dem Brunnen, Statuen, Altare und Obelisken zur Verzierung standen. An deren Enden mussten die Wagenlenker die scharfe Kurve schaffen. Ein auf der spina angebrachter Mechanismus mit sieben absenkbaren Steineiern und sieben Bronzedelfinen (die Zahl der Runden), diente zum Abzählen der Runden. An einer der kurzen Seiten waren 12 carceres – das waren die Boxen, in denen sich die Konkurrenten vor dem Rennen aufhielten.

Der während der Kaiserzeit oft umgebaute Circus, wurde zum letzten Mal für Spiele genutzt, die Totila 549 n. Chr. ausgerufen hatte.

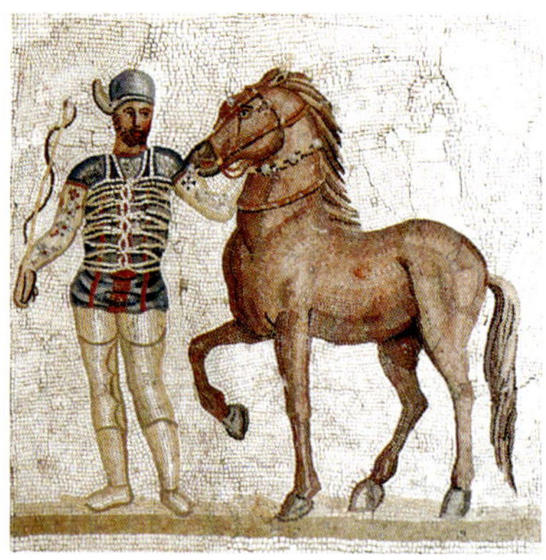

Detail von den vier Wagenlenkern. Rom, Römisches Nationalmuseum. (Palazzo Massimo alle Terme).

Der Circo Massimo in einer plastischen Nachbildung des antiken Roms. Rom, Museum der Römischen Kultur.

Caracalla-Thermen

Die Thermalbäder waren zu römischen Zeiten im ganzen Kaiserreich weit verbreitet. Neben den Badeeinrichtungen und Sporthallen gab es Gärten, Laubengänge, Nymphäen, Bibliotheken, Auditorien, Orte für Spektakel, Spiele und auch zur Aufbewahrung von Nahrungsmitteln und Getränken. Dadurch waren die Thermen ein Brauchtum geworden und ein Besuch gehörte zu den Lieblingsbeschäftigung der Römer. Sie verbrachten dort viele Stunden am Tag und widmeten sich der Pflege von Leib und Seele. Die Thermen waren auch wichtig für gesellschaftliche Zwecke und als Kulturzentren. Während der Kaiserzeit gehörte die Errichtung von Thermen zu einem politisch-propagandistischen Programm der Kaiser. Sie wollten immer grandiosere und noch besser organisierte Einrichtungen, um eine richtig gehende „öffentliche Dienstleistung" zu bieten, die den Massen gratis zur Verfügung stand. Die Caracalla-Thermen sind nur unwesentlich kleiner als die größten von Diokletian. Außerdem sind sie einer der am besten erhaltenen Komplexe der Antike. Wahrscheinlich gingen sie schon zur Zeit von Settimus Severus in Planung, wurden jedoch erst von seinem unter dem Namen Caracalla bekanntem Sohn Marc Aurel Antonino Bassiano 216 n. Chr. in der XII regio eingeweiht. Sie befinden sich im Südteil der Stadt, wo die Severer durch ein großartiges, mehrstöckiges Nymphäum an den südwestlichen Hängen des Palatin und der in Richtung der Thermen führenden Via Nova zur Monumentalisierung der Gegend beigetragen hatten. Abgeschlossen wurden die Arbeiten 235 n. Chr. und sie blieben in Funktion bis ins Jahr 537 n. Chr, als nach der Belagerung Roms durch die Goten die Aquädukte gekappt wurden, die die Stadt mit Wasser versorgten.

Pyramide von Gaius Sextius

Die Pyramide stand ursprünglich vor den Toren der Stadt, an der Via Ostiensis, auch wenn sie nach der Errichtung der Aurelischen Mauer im 3. Jahrhundert als Bollwerk zur Verteidigung in den Wall einverleibt wurde. Die Inschriften an den Seiten weisen darauf hin, das sie in weniger als 330 Tagen erbaut wurde. Man kann sie daher auf die Jahre zwischen 18 und 12 v. Chr. datieren und als Grabmal von Gaius Sextius identifizieren. Der war eine bedeutende Amtsperson gewesen und hatte sich offensichtlich durch Handel und Eintreibung von Steuern in Kleinasien bereichert. Das extravagante Grabmal war wohl auf der Basis ägyptischer Vorbilder entstanden, die nach der Eroberung Ägyptens groß in Mode gekommen waren, wie auch bei den Brüdern Quintili an der Via Appia oder bei dem im Vatikan befindlichen Grab, das man im Mittelalter als das von Romulus ansah. Das imponierende Monument ist 36 m hoch und 30 m an der Seite lang. Es ist außen mit Marmorplatten verkleidet und war früher reich mit Bronzestatuen des Verstorbenen und vier Säulen an den Ecken geschmückt. Die rechteckige Grabkammer hatte ein aus mit Ziegelsteinen verkleidetes Tonnengewölbe, das mit Malereien im III. Stil ausgemalt war. Hier wurde der Verstorbene verherrlicht.

52

Santa Sabina

An den Hängen des Aventin erhebt sich die eindrucksvolle Santa Sabina Basilika, in deren Unterbau fast 1000 Jahre Geschichte belegt sind. Man kann hier erkennen, welch lebhafte Bautätigkeit auf diesem wasser- und pflanzenreichen Hügel zu jener Zeit stattfand. Die Familien der römischen Aristokratie ließen sich hier in der Nähe der zwei Thermalbäder ihre Residenzen errichten. Noch heute erinnert das Souterrain der Kirche an die frühchristliche Gemeinschaft, die hier im Hause der römischen Matrone Sabina Unterschlupf fand. Sabina war von ihrer Sklavin Serafia zum Christentum bekehrt und unter Kaiser Vespasian als Märtyrerin enthauptet worden. Im Mittelalter war der Aventin ein von den Mönchen zur Errichtung ihrer Einsiedeleien bevorzugter Bauplatz. In diesem Kontext entstand im 5. Jahrhundert eine der eindrucksvollsten, frühchristlichen Kirchen der Stadt. Von der vor ihr bestehenden *domus* ist nur noch der Boden aus dem 4. Jahrhundert erhalten. Man kann ihn durch ein Gitter beim Kircheneingang sehen. Unter dem rechten Seitenschiff befindet sich noch anderes Mauerwerk aus jener Zeit. Es war im 5. Jahrhundert, dass man mit dem Bau der Kirche begann. Im Jahre 1222 wurde sie dem Heiligen Dominikus zugesprochen. Im 15. Jahrhundert fanden umfangreiche Restaurierungsarbeiten statt. Allerdings sollten es dann die zur Zeit von Sixtus dem V. von Domenico Fontana im Jahr 1587 sowie die von Francesco Borromini im Jahre 1643 durchgeführten Veränderungen im Innern sein, die der Kirche ein neues Antlitz verliehen. Domenico Fontana demolierte die *schola cantorum*, die Ikonostase und das Ziborium. An ihrer Stelle errichtete er den neuen Hauptaltar mit dem großen Baldachin. Anfang des 20. Jahrhunderts machte Antonio Munoz diese Eingriffe wieder rückgängig und gab der Kirche ihr ursprüngliches Aussehen zurück. Sie besteht aus drei Kirchenschiffen, die durch 24 korinthische Säulen voneinander getrennt sind. Der majestätisch anmutende Innenraum erinnert an Vorbilder in Ravenna. Es handelt sich bei dieser Kirche um eins der ersten Beispiele für Basiliken, in denen die Säulen Bögen statt Gebälk tragen. Einst war die Kirche mit Mosaiken ausgeschmückt. Von denen sind heutzutage leider nur noch Fragmente über der Tür zu sehen. Dort weist eine Inschrift mit Goldlettern auf den Erbauer der Kirche, Petrus von Illyrien, und Papst Zölestin I. hin. Während dessen Papstzeit wurde die Kirche errichtet und das Konzil von Ephesus ausgerichtet. An den Wänden befanden sich auch Marmorintarsien zur Verkleidung.

Ponte Rotto und Cloaca Maxima

Die Brücken belegen die außerordentliche Fähigkeit der römischen Ingenieure, robuste und imponierende Brücken mit in Verschalungen gegossenen Grundbauten zu errichten. Dank der Weiterentwicklung der Technik, Zement als Bindemittel zu benutzen, wurde es möglich, die erste stabile Brücke in Rom zu bauen: die Pons Aemilia. Heute ist sie unter dem Namen Ponte Rotto (Kaputte Brücke) bekannt, weil nur noch ein Bogen von den ursprünglich sechs erhalten ist. Sie befindet sich auf Höhe des Forum Boarius. Der Überlieferung zufolge soll die Erbauung der Pfeiler auf einen der beiden Zensoren, Marcus Aemilus Lepidus oder Marcus Fulvius Nobilior, im Jahre 179 v. Chr. zurückgehen, die Bögen indes auf die Zensoren Lucius Mummius und Scipio Aemilianus. Allerdings handelte es sich dabei wohl nur um Restrukturierungsmaßnahmen eines älteren Baus, der bei der Eröffnung der Aurelischen Straße als Eingangsbrücke zur Stadt nötig geworden war. Die Aemilia-Brücke stürzte nach dem 13. Jahrhundert mehrfach ein und wurde nach der Überschwemmung 1598 endgültig aufgegeben. Auf dem gegenüberliegenden Ufer sieht man in einem großen Loch in der Uferbefestigung den Austritt der Cloaca Maxima. Zahlreiche Quellen berichten, dass Tarquinius Priscus, der erste König aus der etruskischen Dynastie der Tarquinier Ende des 7. Jahrhunderts v. Chr. eine Reihe von öffentlichen Projekten eingeleitet haben soll, die das Antlitz der Stadt erheblich veränderten. Besonders ist darunter das grandiose Abwassersystem zu nennen, das zur Trockenlegung der Gebiete um das Forum und die Hügel Roms angelegt worden war. Abgeschlossen wurden die Arbeiten daran unter dem letzten König von Rom, Tarquinius Superbus. Die Cloaca Maxima, der älteste bekannte Abwasserkanal, sollte auch den Wasserlauf des Velabro kanalisieren, der das Tal des Forums durchfloss. Noch heute funktioniert sie zum Teil. Sie ist 3 m hoch und breit, und fließt unter dem Forum von Nerva, dem Forum romanum und dem Velabro durch. Bei der Ponte Rotto mündet sie in den Tiber. Der Austritt ist ein in Stein gemauerter Bogen, der in eine Tuffsteinmauer eingelassen ist. Sie begrenzte einst die antike Straße vor dem Bau der modernen Uferbefestigung.

Arnolfo di Cambio, Ziborium Santa Cecilia in Trastevere

Die Signatur Arnolfo (Hoc opus fecit Arnolfus) und das Datum 20. November 1293 befinden sich auf einem Pfeilerchen am Ziborium der Heiligen Cäcilie. Wie schon bei den Arbeiten in San Paolo mussten die Mitarbeiter bei diesem Werk mithelfen. Im Vergleich zu dem Ziborium in der San Paolo Kirche, sieht man hier eine Weiterentwicklung im Stil des Künstlers. Besonders zu bemerken ist eine festere Bindung an die klassische Kultur, wenngleich das Werk eine persönliche Interpretation aufweist. Neu ist zum Beispiel die Auflösung zwischen Form und Raum, die unweigerlich zu einer neuen figurativen Konzeption führt. Anders ist vor allem das proportionale Verhältnis zwischen den einzelnen Gliedern. Die Säulen sind schlanker, auch wenn das eigentliche Ziborium dadurch etwas geschrumpft wirkt. Der architektonische Aufbau erscheint volumenmäßig stärker definiert. Die Figuren sind ganz besonders hervorgehoben. Sie treten aus den geraden Linien des Ziboriums heraus und wirken fast, als würden sie vorstehen. Die einzelnen Skulpturen scheinen innerhalb des ihnen zugeschrieben Raums beweglich und dynamisch. Die Gesichter und Körper sind von Unruhe und kaum spürbaren, psychologischen Schwingungen durchdrungen.

Pietro Cavallini, Das Jüngste Gericht Santa Cecilia in Trastevere

Es war die Auffindung der Fresken im Kloster von Santa Cecilia im Jahre 1899, die Fragen bezüglich der Persönlichkeit des römischen Malers Cavallini aufwarf, der von Ghiberti in seinen Commentari als der bedeutendste Maler seiner Zeit bezeichnet wurde. Er führte eine lange Liste von Werken an, die mittlerweile allerdings zum größten Teil verloren sind. Das wichtigste Werk von Cavallini ist ohne Zweifel der Freskenzyklus, den er wahrscheinlich zur gleichen Zeit in der Santa Cecilia Kirche schuf, wie Arnolfo di Cambio sein Ziborium, d.h. um 1293. Bei seinem Jüngsten Gericht entfernt sich der Künstler von der byzantinischen Art und überwindet sie. An den Seiten der Mandel mit Christus sind zwei Apostelfiguren. Sie sitzen auf perspektivisch umrissenen Thronen. Der Rhythmus der Komposition wird durch eine gemäßigte Klassik vorgegeben. Hier findet sich nichts mehr von der Ballung von Personen und dem erzählerischen Partikularismus der byzantinischen Malerei. Monumentalität und Feierlichkeit sind die neuen Komponenten des Cavallini. Die Gesichter von Christus und den Aposteln scheinen durch das zarte Zusammenspiel von Licht und Schatten geformt zu sein. Gegenüber dem Mosaik in Santa Maria in Trastevere erlaubt die Freskotechnik dem römischen Künstler bessere stilistische Anstöße. Das betrifft vor allem die Darstellung der weich fließenden Gewänder, die helldunkel abgetönt werden können, sowie eine Dreidimensionalität und eine große dramatische Ausdruckskraft. Anstelle der expressionistischen Ausführung der Figuren hat man nun eine Rationalisierung der Menschheit, die typisch westlich ist.

Seraphim, und oben *Zwei Heilige*, Detail beim Jüngsten Gericht.

Das Antlitz Jesus Detail beim *Jüngsten Gericht.*

Pietro Cavallini, Geschichten der Jungfrau Santa Maria in Trastevere

Pietro Cavallini kam 1250 zur Welt und starb als fast Hundertjähriger nach einer langen und erfolgreichen Tätigkeit in den wichtigsten Kirchen von Rom und Neapel für einflussreiche Auftraggeber. Sein ältestes, noch heute erhaltenes Werk ist die Mosaikdekoration in der Apsis von Santa Maria in Trastevere. Die Datierung und Zuschreibung durch Ghiberti konnte durch eine Inschrift bestätigt werden, die noch 1857 lesbar war. Leider ist sie danach verloren gegangen. Auftraggeber war Bertoldo Di Pietro Stefaneschi, der in der Santa Maria in Trastevere Kirche Kanoniker wurde. Dargestellt sind sechs Episoden aus dem Leben der Jungfrau und die Figur des Auftraggebers, der Maria vom Heiligen Petrus vorgestellt wird. Alle Episoden sind großzügig in diversen Feldern abgebildet. Ordnung, Maß und Klarheit sind die Eigenschaften, die das Werk zu prägen scheinen. Beim ikonographischen Ansatz ist das byzantinische Vorbild noch erkennbar, aber hier und da mit einer naturalistischeren Raumgestaltung. Einige Experten haben aufgezeigt, wie sehr der klassische Stil des Cavallini durch den Kontakt mit Arnolfo di Cambio beeinflusst worden ist. Schon bei diesen Werken erkennt man die

Eigenständigkeit des römischen Malers. Ganz besonders kann man das bei der Farbzuteilung erkennen, durch die autonom die Form entsteht. Auch die bei der Vorliebe für intensive und zarte Schatten, die die Figuren mit stiller Feierlichkeit hervortreten lassen sind ein Indiz dafür. Die Schaffung einer physiognomischen Realität drückt Heiligkeit und menschliche Befriedigung aus. Die ausgesprochene Poetik und kraftvolle Individualität in den Werken Cavallinis wurden im Spätmittelalter ein Bezugspunkt nicht nur für die römische und neapolitanische Malerei, sondern auch die umbrische des 14. Jahrhunderts.

Pietro Cavallini,
Mariä Geburt.

Pietro Cavallini,
Verkündigung.

San Pietro in Montorio und der kleine Bramante-Tempel

Auf dem Gipfel des Gianicolo-Hügels ließ der König von Spanien einen kleinen Tempel errichten, weil man annahm, dass hier im Mittelalter die Kreuzigung des Heiligen Petrus, dem Gründer der christlichen Kirche und erstem Papst, stattgefunden haben soll. Der junge Architekt Bramante konzipierte ihn in Anlehnung an die Antike als Martyrium. Um einen Zentralkörper sind lange Säulen angeordnet. Eigentlich hätte der Tempel auf einem großen Platz stehen sollen, aber leider kam das nie zur Ausführung. Trotz der geringen Maße entbehrt das Gebäude nicht einer gewissen Grandiosität und Monumentalität. Es basiert auf den Harmonieregeln des Vitruv, der dorische Säulen für Gebäude empfahl, die männlichen Gottheiten oder mythologischen Figuren gewidmet waren, die für ihre Stärke und ihren Mut berühmt waren. Daher verwandte Bramante sie auch hier. Sie verleihen dem kleinen Tempel eine strenge Sachlichkeit. Auch die wenigen Dekorationen und die schlichte Harmonie der Volumen trägt wesentlich dazu bei.

Sebastiano del Piombo,
Geißelung.

Villa Farnesina alla Longara

„Eine unvergleichliche Perle“, so definierte Vasari die Villa Farnesina, eins der Schmuckstücke des römischen Klassizismus aus dem frühen 16. Jahrhundert. Erbaut wurde sie zwischen 1506 und 1510 von Baldassarre Peruzzi im Trastevere-Viertel für den Bankier Agostino Chigi aus Siena. Spätere Umbauten zogen sich bis 1520 hin. 1590 kam sie in den Besitz der Familie Farnese, deren Namen sie heute noch trägt. Sie war die erste adlige Vorstadtvilla in Rom. Ausgeglichenheit, Harmonie und Proportion charakterisieren den Komplex. Das zweistöckige Gebäude ist hufeisenförmig und öffnet sich auf den Garten mit einer Loggia, die im Erdgeschoss angelegt ist, aus fünf Bögen besteht und heute durch schützende Fenster verschlossen ist. Früher diente die Loggia als Bühne für prunkvolle Feste und Theateraufführungen, die der Besitzer organisierte. Bei seinen Zeitgenossen war er dafür besonders berühmt. Die Fassade ist durch dorische Halbpfeiler in zwei übereinander liegende Ebenen aufgeteilt. Oben prangt ein Fries mit Girlanden und Putten. Baldassarre Peruzzi nahm auch an der dekorativen Ausgestaltung des Inneren teil. Er schuf Stuckwerk und malte Fresken, die Außenräume vortäuschten und auf diese Weise das Gebäude mit der sie umgebenden Natur verschmelzen ließ. Insbesondere die mit ineinander verflochtenen Girlanden bemalte Loggia war als ein Kontinuum mit dem Garten gedacht. Hier malte Raphael mit seinem Schülern nach Texten von Apuleius den *Amor und Psyche* Zyklus. Neben Raphael war hier auch Sebastiano del Piombo tätig, der im Saal der Galatea arbeitete, gleich neben der Loggia. Deren Decke ist durch die gemalte Architektur an den Wänden in mehrere geometrische Felder aufgeteilt. Im oberen Stockwerk befindet sich ein Saal, der als vorgetäuschte Loggia ausgemalt ist. Zwischen den falschen Bauwerken erblickt man römische Ansichten, unter denen auch Trastevere ist. Heute ist hier die Accademia dei Lincei und das Gabinetto die Disegni e delle Stampe untergebracht, die Nationale Graphiksammlung.

Sebastiano del Piombo, *Polyphem.*

Raphael, Galatea
Villa Farnesina

In der unter dem Namen Villa Farnesina bekannte Vorstadtvilla, die zu Füßen des Gianicolo liegt und die von Baldassare Peruzzi im Auftrag von Antonio Chigi erbaut worden war, malte Raphael eine Reihe von Fresken, die von einem ausgeprägten Sinn für die Kultur der Klassik durchdrungen sind. An der Decke einer Loggia, die direkt auf den Garten geht, hatte Peruzzi schon ein großes Fresko geschaffen, das von Sebastiano del Piombo vollendet wurde. Der hatte an den Wänden den Zyklopen Polyphem gemalt, neben den Raphael von Ende 1511 bis Anfang 1512 den Triumph der Galatea ausführte. Er inspirierte sich dabei an klassischen Quellen, von den Metamorphosen Ovids bis zur Giostra von Poliziano. Der Maler stellt die Nereide auf einer von Delfinen gezogenen Muschel dar. Sie ist von Nymphen und Tritonen umgeben, denen die von drei Cupidos abgeschossenen Pfeile gelten. Galatea hält sich triumphierend etwas abseits und blickt gen Himmel. Sie ist von einer anderen Art Liebe durchdrungen, jenseits aller Sinnlichkeit, wie sie bei den anderen Figuren zu spüren ist. Eine platonische Liebe, die durch die Amorette repräsentiert wird, die beim Abschießen ihrer Pfeile innehält. Raphael schuf dieses Fresko im Wettstreit mit der antiken Malerei und Bildhauerei, deren Perfektion er nachahmt. Galatea ist wie eine griechische Aphrodite dargestellt, während die Farben, und besonders das an Pompeji erinnernde Rot, eher an die römische Malerei erinnert.

Raphael, Loggia der Psyche
Villa Farnesina

Wie schon bei der Galatea beweist Raphael bei den Fresken in der Loggia der Psyche eine völlige Durchdringung mit der Kultur der Antike. Der Anlass für diesen neuen Auftrag zur Schaffung eines Freskenzyklus in der Loggia der Villa Farnesina hing mit der Hochzeit von Agostino Chigi und Francesca Ordeaschi zusammen. Sie fand am 28. August 1519 statt, obwohl der Bankier die junge Venezianerin bereits 1511 nach Rom geholt hatte. Der Mythos von Amor und Psyche, wie er in „Der goldene Esel" von Apuleios erzählt wird, war das von Raphael gewählte Thema. Es ist eine etwas unverständliche Geschichte, in der es um die Leiden der menschliche Seele bis zum Bewusstsein der Liebe geht, die zur Würde der Götter erhebt. Von dem Zyklus sind nur die Szenen an der Decke und in den Zwickeln erhalten geblieben. Sie sind den himmlischen Episoden gewidmet. Ursprünglich sollte der Zyklus in den Lünetten darunter weitergehen und all jene Ereignisse beschreiben, die sich zwischen Himmel und Erde abspielen. An den Wänden sollten die irdischen Begebenheiten folgen. Der Künstler entwarf ein ausgeklügeltes System an architektonischem Illusionismus: die aus Früchten geflochtenen Girlanden bilden eine üppige Pergola, die den Garten in die Loggia übergehen lassen.

Venus, Ceres und Juno.

Cupido und die Grazien.

Engelsbrücke

Rom entstand nicht nur am Tiber, sondern auch dank des Tibers. Der Fluss bot als schiffbarer Verbindungsweg und aufgrund der wertvollen Salinen an der Mündung unzählige Vorteile. Allerdings verlangte er durch seinen gewundenen Verlauf und häufige Überschwemmungen ständige Pflege und Kontrolle. Die Erbauung der Tiberufer und der großen Deiche nach der Einheit Italiens hat die Straßenführung der Stadt, die alle Einwohner stets zum Tiber und seinen Brücken drängen ließ, erheblich verändert. Der Überlieferung zufolge soll die erste Brücke in Rom auf Ancus Marcius (640-616 v. Chr.) zurückgehen, der sie bei der Furt bei der Tiberinsel errichten ließ: die Sublicio-Brücke. Der Name rührt von dem dabei verwendeten Material her, nämlich von Holzbalken (sublicae). In deren Nähe wurde im 2. Jahrhundert v. Chr. die erste Steinbrücke erbaut, die Aemilio-Brücke. Viele der noch heute benutzten Brücken stammen aus antiken Zeiten. So auch die Sixto-Brücke, die im 15. Jahrhundert auf den Resten der von Agrippa gewollten Brücke entstand, um die Teile seiner Besitzungen miteinander zu verbinden, die beidseits des Flusses lagen, im Campo Marzio und in Trastevere. Und noch eine Brücke wurde für ihre strategische Position berühmt. Das war die Elio-Brücke (134 n. Chr.), die heute als Engelsbrücke bekannt ist. Auf ihr stehen die herrlichen Statuen aus der Berninischule. Über sie konnte man die Engelsburg erreichen.

Paolo Naldini, *Zwei Engeln.*

Die Engelsburg

Der Tiber wird von dem gigantischen Hadrianeum überragt, das wahrscheinlich von diesem Kaiser in Auftrag gegeben worden ist. Der hatte es sich als sein Mausoleum und seine Grabstätte vorgestellt. Man begann 123 n. Chr. mit der Erbauung und schloss sie ein Jahr nach dem Tod von Hadrian unter dem Baumeister Antonius Pius ab. Es wurde daraufhin die Grabstätte vieler Kaiser bis hin zu Caracalla. Um die Engelsburg zu erreichen, ließ Hadrian eine Brücke zu dem majestätischen Bau anlegen. An ihrer Basis ist die Burg quadratisch und an ihren Ecken standen einst Gruppen von Statuen. Heute sieht man sie mit Befestigungen, die im Laufe des 16. Jahrhunderts im Auftrag der Päpste angebaut wurden. Auch der Graben trug zur Sicherheit und Abschottung des Mausoleums bei. Die Burg wurde dadurch wie ein kleines befestigtes Dorf für sich. Im Innern befindet sich ein Museum, in dem man kostbare Fresken aus der Raphaelschule, den Fries von Perin del Vaga mit den Erzählungen von Amor und Psyche aus den Jahren 1545-1547, sowie die Fresken in den Wohnräumen von Papst Paul III. bewundern kann, die dem jungen Pellegrino Tibaldi zugeschrieben werden.

Außenansicht
und Apollosaal.

PAVLVS · III · PONT · MAX

Vatikan

63. Piazza San Pietro

64-67. Petersdom
Michelangelo, *Pietà*
Gian Lorenzo Bernini, *Baldachin*
Tribüne der Cathedra

Vatikanische Museen

68-71. Pinakothek
Giotto, *das Stefaneschi Polyptychon*
Filippo Lippi, *die Krönung der Jungfrau*
Raphael, *die Madonna von Foligno*
Raphael, *die Verklärung Christi*

72-75. Pio Clementino Museum
Augustusstatue von Primaporta
Apoxyomenos
Apollo di Belvedere
Laokoon

76-77. Vatikanische Stanzen
Raphael, Stanzen
Raphael, *die Schule von Athen*

78-80. Sixtinische Kapelle
Fresken des Fünfzehnten Jahrhunderts
Michelangelo, Fresken an der Decke
Michelangelo, *das Jüngste Gericht*

81. Niccolina Kapelle
Beato Angelico, *Fresken*

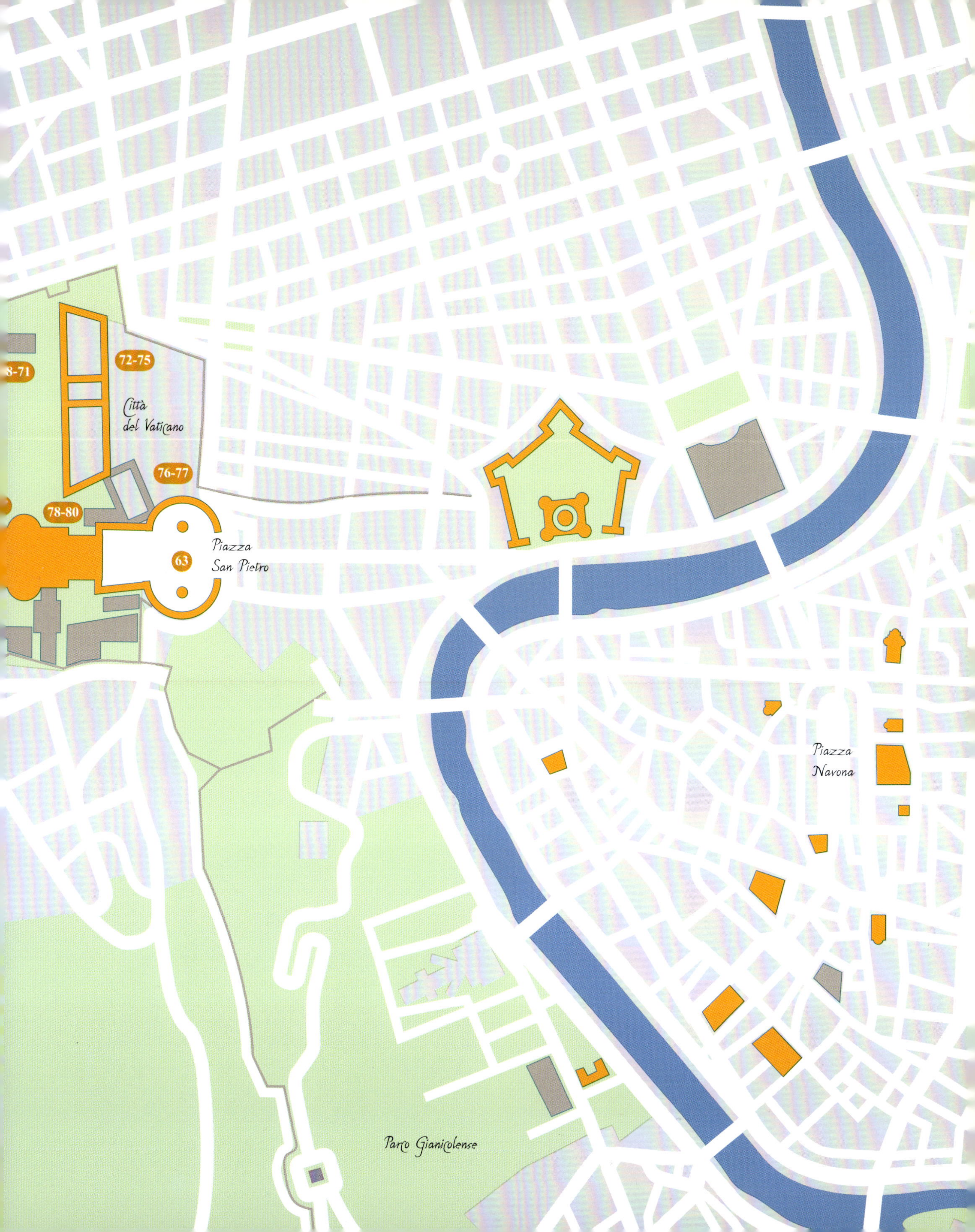
72-75
8-71
Città
del Vaticano
76-77
78-80
63
Piazza
San Pietro
Piazza
Navona
Parco Gianicolense

Piazza San Pietro

Kam der Besucher aus dem Labyrinth enger und schmutziger Gassen im Borgo-Viertel heraus, ließ er einst die so genannte spina hinter sich, die bis ins 20. Jahrhundert die Öffnung auf den Petersplatz abschloss. Auf alten Fotos kann man sie noch sehen. Es muss ein grandioser Effekt gewesen sein, den der Besucher zu spüren bekam, wenn er sich plötzlich auf diesem riesigen Platz mit all seiner Herrlichkeit befand. Es war im Heiligen Jahr 1950, dass man nach einem Entwurf von Marcello Piacentini, der auf 1932 zurückging, die breite, gerade Via della Conciliazione eröffnete. Damit ging natürlich der ursprüngliche Überraschungseffekt verloren. Man setzte nunmehr auf die Fernansicht der Kuppel und der Fassade. Dieser Eingriff war der letzte von einer langen Reihe, die im Laufe der Jahrhunderte stattgefunden hatte. Auf Sixtus V. geht die erste Veränderung des Platzes zurück. Er ließ ihn großartiger und monumentaler gestalten, indem er 1586 Domenico Fontana damit beauftragte, den Obelisk aus rotem Granit in der Mitte des Platzes aufstellen zu lassen. Der Platz bekam dadurch einen symbolischen Brennpunkt. Gian Lorenzo Bernini entwarf in der Folgezeit im Auftrag von Alexander VII. Chigi das neue Antlitz des Platzes. Er arbeitete zehn Jahre lang daran, von 1657 bis 1667, und schuf eins der spektakulärsten Werke im barocken Rom. Bernini bewies dabei einen Hang zur Klassik, indem er die korinthischen Säulen durch dorische ersetzte und so anordnete, dass drei Passagen entstanden. Die mittlere ist breiter und hat ein Tonnengewölbe, die seitlichen haben Kassettendecken. 284 Säulen und 88 Pfeiler aus Travertinstein sowie ein Gebälk mit 140 Heiligenstatuen und sechs großen Wappen des Chigi-Papstes verleihen dem Ganzen ihre Großartigkeit. Um eine

Disharmonie zu vermeiden, die durch die kurvenförmige Anordnung hätte entstehen können, ordnete Bernini, auch um die Perspektive des Platzes stimmig werden zu lassen, die vier Säulenreihen radial an. Außerdem ließ er ihren Umfang schrittweise im Durchmesser zunehmen. Dadurch konnte er die Proportionsverhältnisse zwischen den Räumen und Säulen auch in den äußeren Reihen beibehalten.

Petersdom

IN HONOREM PRINCIPIS APOST PAVLVS V BVRGHESIVS ROMANVS PONT MAX AN MDCXII PONT VII

Es war Kaiser Konstantin, der um 320 die Erbauung einer Basilika veranlasste, und zwar dort, wo man das Grab des Apostels Petrus vermutete. Unter Papst Liberius (352-366) wurde sie vollendet. Wie sie aussah, kann man heute noch Dokumenten entnehmen. Es war eine Basilika mit fünf Schiffen, die am Ende durch ein Querschiff abgeschlossen wurde. An dessen Seiten befanden sich zwei Exedren. Man kam durch eine große Eingangshalle mit vier Portalen herein, wo sich die Loggia der Segnungen eröffnete. An der Eingangsseite war das berühmte Mosaik der Navicella von Giotto und seiner Schule. Im 15. Jahrhundert erlangte die Basilika durch die Aufstellung von bedeutenden, durch die seinerzeit berühmtesten Künstler geschaffenen Grabmälern ihren glanzvollen Höhepunkt, nachdem sie schon im Mittelalter mit Mosaiken, Monumenten und anderem ausgeschmückt worden war. Und dennoch hatte das Gebäude große bauliche Mängel. So sehr, dass es sogar einzustürzen drohte. Daher beschloss Papst Nikolaus V. den Wiederaufbau und die Vergrößerung. Allerdings führte sein Tod im Jahr 1455 zur Unterbrechung der Arbeiten. Zu Beginn des 16. Jahrhunderts beauftragte Julius II. Donato den berühmten Bramante mit dem Projekt, das nicht nur sein Grabmal aufnehmen sollte, sondern auch den definitiven Triumph Roms symbolisieren sollte, das zur Herrlichkeit der alten Kaiserstadt zurückgekehrt war, um die Rolle als Hauptstadt der Christenheit und des Kirchenstaates einzunehmen. Bramante konzipierte den neuen Petersdom als monumentales Gebilde in Form eines griechischen, von einem Quadrat umschlossenen Kreuzes. Gekrönt werden sollte es von einer halbkugeligen Kuppel, in Form und Durchmesser der des Pantheon ähnlich, mit vier kleineren Kuppeln über den Seitenflügeln. Außerdem sollten vier eckige Glockentürme errichtet werden. Nach Bramantes plötzlichem Tod im Jahr 1514 beauftragte Leo X. Raphael mit der Weiterführung der Arbeiten. Auf ihn folgten dann noch Andrea di Sangallo der Jüngere und schließlich 1546 Michelangelo. Letzterer nahm das Konzept von Bramante wieder auf, ebenso grandios, aber etwas vereinfacht. Die Kuppel sollte das Basiselement des Gesamtkomplexes werden. Er entwarf sie wie eine Skulptur. Sie ist schwungvoll, elastisch und grandios. Giacomo Della Porta vollendete sie 1589, indem er sich größtenteils an Michelangelos Entwurf hielt, ohne jedoch auf Veränderungen zu verzichten. Durch ihn wurde die Vertikalität der Kuppel stärker akzentuiert. Unter Papst Paul V. bekam der Dom sein definitives Aussehen. Am 18. November 1626 wurde er von Papst Urban VIII feierlich eingeweiht.

Michelangelo, Pietà
Petersdom

Es war Kardinal Bilhéres de Lagraulas, der Abt von San Dionigi und Botschafter von Karl VIII., der 1498 die weltberühmte Skulpturengruppe bei Michelangelo Buonarroti in Auftrag gab. Sie sollte in der Kapelle von Santa Petronilla in der Nähe der alten San Pietro Basilika aufgestellt werden. Der Auftraggeber wünschte, dass sich der Künstler an ein ikonographisches Vorbild nordischen Ursprungs hielt: die Jungfrau hält den Körpers ihres vom Kreuz abgenommenen Sohnes in den Armen. Die Anlage der Komposition hatte ihren Ursprung in Deutschland und war etwas starr durch das unnatürliche Schema. Michelangelo setzte dem ein äußerst natürliches Abbildes mit weich fließenden

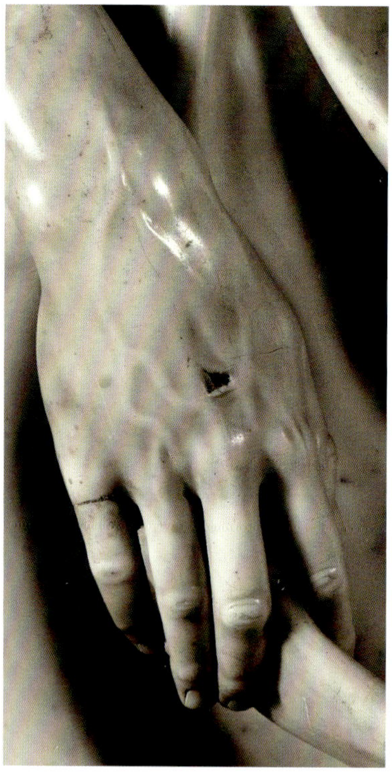

Linien entgegen. Es ist das einzige, von Michelangelo signierte Werk. Man sieht die Inschrift an dem Band, das quer über der Brust der Jungfrau verläuft. Vasari zufolge war das ein Zeichen des Stolzes auf dieses Werk. Die lyrische Intensität, der glatte und kostbare Marmor, die Plastizität der Formen strahlen eine perfektes Gleichgewicht aus. Das entrückte Gesicht von Maria, in dem man die verhaltene Trauer wahrnimmt, der durch die entsetzlichen Qualen gezeichnete Körper des toten Jesus führen die heilige Szene auf eine menschliche Ebene, während die Zartheit der Gewänder, die monumentale Komposition und die Perfektion in den Gesichtszügen und der Anatomie es von einer göttlichen, zeitlosen Aura umgeben lässt. Wahrscheinlich war es genau die „absolute" Schönheit, die zu der bekannten und reichlich in der Presse beschriebenen Episode geführt hat, als ein Verrückter am Pfingsttag des 21. Mai 1972 die Gruppe mit einem Hammer beschädigte. Dieser Vorfall erforderte langjährige Restaurierungsarbeiten.

Gian Lorenzo Bernini, Baldachin Petersdom

Kurz nachdem Urban VIII., ein Mitglied der mächtigen Familie Barberini, zum Papst erwählt worden war, ernannte er Gian Lorenzo Bernini zum Architekten, Maler und Leiter über die Arbeiten für die Vollendung des Petersdoms. Ganz besonders am Herzen lag ihm dabei die Schaffung eines „großen Prunkhimmels", der in der Mitte des Presbyteriums unter der Kuppel des Michelangelo den Hauptaltar überragen sollte. Die Wahrnehmung der realen Größe dieses Werkes von Bernini gelingt nicht auf den ersten Blick. Es ist ausgeglichen in den Proportionen und bei den Verzierungen. Durch diesen Baldachin wurde der Künstler mehr als jeder andere zu jenem Interpreten, der in der Lage war, der bildlichen Phantasie des Barock hinsichtlich der triumphierenden Kirche eine Form zu verleihen. Mit Phantasie, Genialität und großem planerischen Vermögen erfand er dieses Gebilde von unvergleichlicher Virtuosität, indem er die Natur, das Licht und den Raum in sein „Theater" einfließen ließ. Allgegenwärtig ist die Suche nach dem szenischen Effekt und der Wunsch zur Verschmelzung von allen Künsten in einem einzigen Raum, in dem auch das Licht geschickt kontrolliert wird. Als der Baldachin, der nicht nur Gott, sondern auch die Familie Barberini glorifizierte, im Jahr 1633 fertig war, begeisterte er die Zeitgenossen über alle Maßen. Der Reichtum an Kontrasten, das Spiel von dem Schwarz der Bronze mit dem Gold, die unvergleichliche Größe (über 28 m), die Dynamik bei den Formen, die dem Baldachin Bewegung verleiht, die unauflösliche Verschmelzung zwischen Architektur und Bildhauerei – sie alle gaben Anlass zur Bewunderung.

IDES
MVND
S ET OVES
ΣΥ ΒΟΣΚ

Tribüne der Cathedra Petersdom

Die Tribüne wirkt, wenngleich sie von der Oberfläche her identisch mit er des Querschiffs ist, größer und majestätischer. Sie kommt dem Betrachter wie die Verlängerung des Hauptschiffs vor. Zwischen den zwei großen Lisenen hinten in der Apsis befindet sich die Cathedra von Petrus. Sie ist eine triumphale Verschmelzung von Berninis barockem Erfindungsgeists. Er schuf sie im Auftrag von Papst Alexander VII. Chigi zwischen 1656 und 1665 aus Bronze, die zum Teil vergoldet ist. In dem großen Bronzegebilde befindet sich die antike hölzerne Cathedra, die der Überlieferung zufolge dem Heiligen Petrus gehörte. Der Künstler schuf eine schwungvolle Architektur, die nicht im Gegensatz zu der Struktur des Gebäudes steht, sondern eine feierliche Dekoration darstellt. Die mit Goldarabesken verzierte Cathedra ruht auf vier imposanten Heiligenfiguren. Darüber nutzte Bernini eine Lichtquelle in der Apsis, um eine wirbelnde Glorie aus Engeln und Putten zwischen Wolken und blitzenden Strahlen zu schaffen, die um die Taube des Heiligen Geistes umherfliegen. Bei diesem Werk drückte Bernini seine Idee von der Verschmelzung aller Künste in all ihren Nuancen aus. Filippo Baldinucci fasste sie mit dem Ausdruck vom bel composto äußerst passend zusammen. Die zwei großen Papstgrabmäler von Paul III. Farnese und Urban VIII. Barberini stehen seitlich der Tribüne in Nischen. Dasjenige von Paul III. wurde von Guglielmo Della Porta geschaffen. Es war das erste Papstgrab in der neuen Basilika. Die von Michelangelo beeinflusste Konzeption setzt die aus Bronze gegossene Figur des Papstes obenan. Das Monument von

Urban VIII. stammt von Bernini. Es entstand zwischen 1627 und 1647. Es ist voller Vitalität und durch die weichen Linien der beiden weiblichen Allegorien, die die Gerechtigkeit und die Barmherzigkeit darstellen, stark akzentuiert. Auch die realistische Körperlichkeit der Putten und das Majestätische in der Bronzestatue des Papstes tragen dazu bei. Es waren der junge Borrimini und Giovan Battista Soria, die die Nische und deren Marmorverkleidung schufen, bevor die Statue eingefügt wurde.

Gian Lorenzo Bernini, *Grabmal von Urban VIII.*

Guglielmo della Porta, Grabmal von Paul III.

Giotto, das Stefaneschi Polyptychon Vatikanische Museen, Pinakothek

Das kostbare und monumentale Polyptychon wurde von Kardinal Jacopo Caetani Stefaneschi in Auftrag gegeben, um es in der San Pietro Basilika in Rom auf dem Hauptaltar aufstellen zu lassen. Es ist auf beiden Seiten verziert und hat drei Flügel. Der mittlere ist etwas größer als die zwei seitlichen. Die dargestellten Figuren sind in gotischen Rahmen eingefasst. Derzeit sind die Rahmen modern. In der Mitte sieht man im Vordergrund den Heiligen Petrus auf dem Thron. Er trägt ein prächtiges Papstgewand. Auf den Seitenflügeln sind Heilige abgebildet. Eine Jungfrau auf dem Thron ist in der Predella in der Mitte der Rückseite gemalt. Die Datierung ist umstritten. Stilistisch gesehen könnte es aufgrund der Monumentalität der Figuren und der

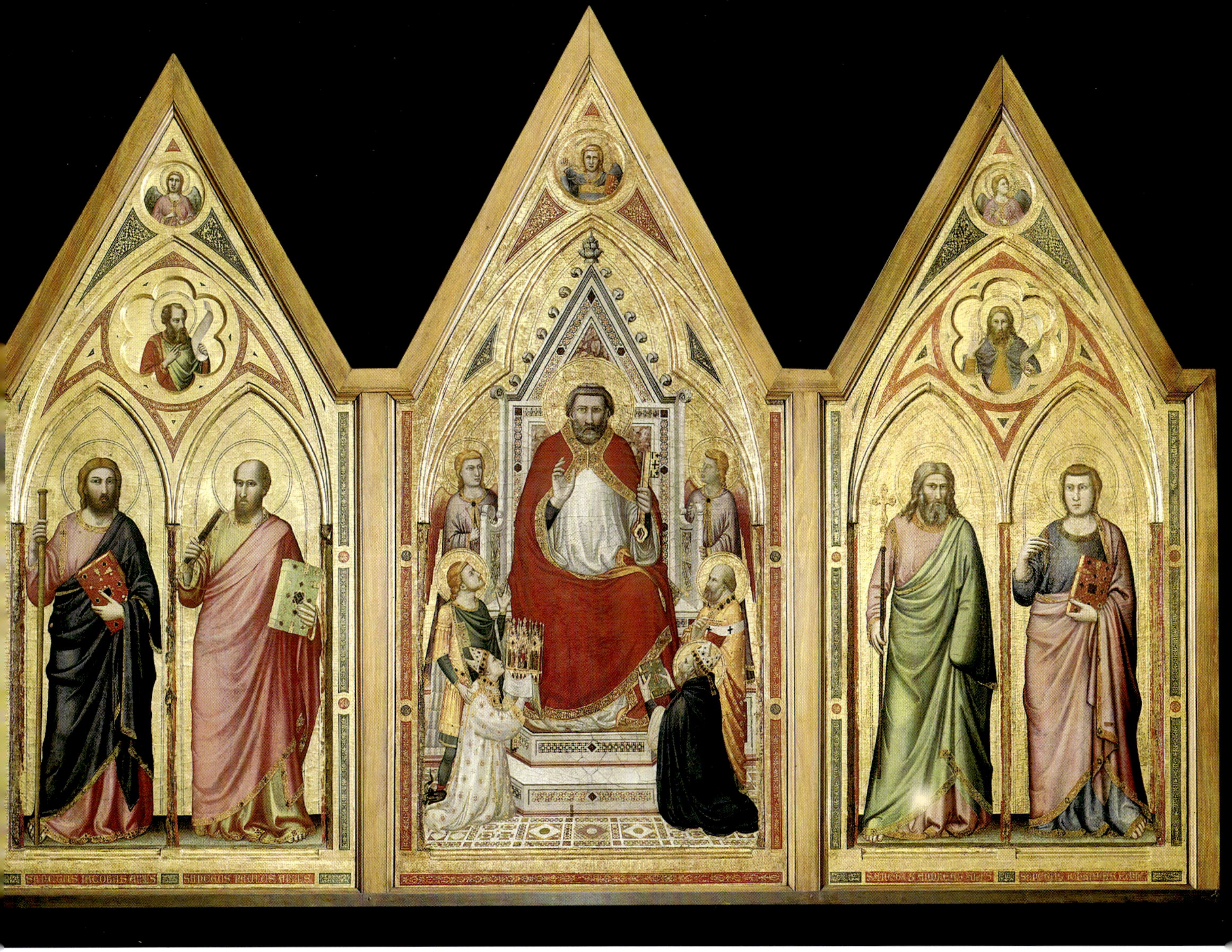

Komplexität der Komposition ein Spätwerk Giottos sein. Außer dem Polyptychon stehen auch andere in Rom entstandene Werke Giottos mit dem gleichen Auftraggeber in Verbindung, wie z.B. die im Original verloren gegangene Navicella, oder auch das bei den Umbauten im 17. Jahrhundert zerstörte Fresko bei der Tribüne der Basilika. Der Thron und der kosmatische Fußboden in der Mitte sind in einer stabilen Perspektive festgehalten. Die Darstellung des Polyptychons innerhalb des Polyptychons ist eine überraschend moderne Erfindung. Interessant ist die gleichzeitige Anwesenheit von hieratischen, in gewisser Weise archaischen und sehr modernen und lebhaften Kennzeichen. Die Sakralität der Abbildung von Petrus auf der einen Seite und Christus auf der anderen brachte den Künstler zu einer frontalen und streng symmetrischen Darstellung. Das Licht ist intensiv und lässt kaum Hell-Dunkel-Effekte zu. Fast verspürt man die sakrale Konzeption der byzantinischen Kunst. Die Anordnung der Engel in übereinander liegenden Reihen, besonders bei dem Paneel mit dem Christus auf dem Thron, erinnern an Maestà des 13. Jahrhunderts. Die platte Zweidimensionalität des verzierten Gewandes hinter Jesus trägt zu dem Eindruck von Altertümlichkeit noch bei. Die Szenen auf den Seitenflügeln sind durch intensive Bewegung und Lebhaftigkeit gekennzeichnet. Unterstrichen wird das durch die raffinierte Auswahl der Farben. Das Polyptychon ist in dieser Hinsicht ein außergewöhnliches Werk. Die Farbkombinationen sind lebendig, die Nuancen ungewöhnlich und erlesen. Auch wenn kein Zweifel besteht, dass die Werkstatt an diesem Polyptychon wesentlich teilgehabt hat, ist es doch von seiner Konzeption her eindeutig Giotto zuzuschreiben. Besonders die Anlage der prunkvollen und kostbaren Tafel sprechen eindeutig dafür. Fast wirkt sie wie „ein Gedicht".

Filippo Lippi, die Krönung der Jungfrau
Vatikanische Museen, Pinakothek

Die Tafel mit der Krönung wurde von Filippo Lippi im Auftrag von Carlo Marsuppini, dem Kanzler der Republik Florenz, für die Klosterkirche der Olivetanermönche in Arezzo gemalt. Wahrscheinlich steht sie in Zusammenhang mit dem Tod des Auftraggebers, Gregorio, im Jahre 1444. Das Werk ist in drei Teile aufgeteilt. In der Mitte sieht man die Krönung der Jungfrau, rechts sind zwei Heilige mit dem Spender und auf drei Stufen des Podiums musizierende Engel, das Gleiche wiederholt sich links. Ursprünglich war es wohl ein einziges Paneel und hatte auch eine Predella. Es blieb bis 1785 in Arezzo, als das Kloster von Napoleon geschlossen wurde. In der Folgezeit ging es in Privatbesitz über, um schließlich von Papst Gregor XVI. erworben zu werden. Die Krönung ist in der Mitte angelegt, oberhalb einiger Stufen, die die heiligen Figuren mit den Engeln an beiden Seiten von den übrigen Figuren im Vordergrund trennen. Außer von Rowlands (1989) ist es allgemein als Werk Lippis anerkannt. Die Tafel hat nicht das übliche Gedränge an Personen und auch fehlt ihm die illusionistische Virtuosität, die die zur gleichen Zeit entstandene Krönung Maringhi (Uffizien, Florenz) in Florenz kennzeichnet. Im Gegensatz dazu ist sie schlicht, was vielleicht auf die Wünsche der Mönche zurückgeht. Bei den Engeln will man die Hand des Maestro della Natività di Castello oder auch von dem Maestro delle Tavole Barberini (Fra Carnevale) ausgemacht haben. In den Vorauszahlungen für die Krönung Maringhi wird Letzterer gegen Ende des Jahres 1445 und dem Beginn von 1446 als „Schüler“ von Lippi angeführt.

Raphael, die Madonna von Foligno
Vatikanische Museen, Pinakothek

Der große Ruhm, zu dem Raphael in Rom innerhalb kürzester Zeit gelangte, weil er den Auftrag für die Dekoration der Stanzen im Vatikanpalast zugesprochen bekommen hatte, führte dazu, dass sich viele Vertreter des hohen Klerus und andere Persönlichkeiten aus dem Ambiente des Papsthofes, so wie Intellektuelle an den Künstler wandten und mit wichtigen Aufträgen überhäuften. Ein Beispiel dafür ist dieses Gemälde, das Raphael von Ende 1511 bis ins folgende Jahr im Auftrag des Historikers Sigismondo de' Conti ausführte, dem Sekretär von Julius II. und Präfekten der Dombauhütte vom Petersdom. Das ursprünglich auf dem Hauptaltar der Santa Maria Aracoeli Kirche angebrachte Werk – dort war der Auftraggeber im Februar 1512 begraben worden – wurde von einer Nichte Sigismondos in das Kloster Sant'Anna di Foligno (daher auch der Name, unter dem es eher bekannt ist) überführt, wo sie Nonne war. 1797 kam die Tafel zunächst nach Paris und dann wieder in den Besitz des Kloster in Foligno, um anschließend in die Vatikansammlungen zu gelangen. Das Bild zeigt die Madonna mit dem Kinde auf einer Wolke sitzend. Im Vordergrund stehen Heilige, zusammen mit dem knienden Auftraggeber. Das traditionelle Thema der heiligen Konversation, bei dem die Madonna auf einem Thron sitzend dargestellt wird, erfährt bei Raphael einen anderen Zuschnitt in der Komposition. Die Mutter Gottes ist hoch im Himmel. Raphael drückt hier durch die Komposition und die Aneinanderreihung der Gesten der einzelnen Figuren eine starke innere religiöse Beteiligung aus, die auch die Gläubigen ergreifen sollte.

Raphael, die Verklärung Christi
Vatikanische Museen, Pinakothek

Vasari schrieb, dass Raphael „allein und ohne Hilfe anderer die Tafel für San Pietro in Montorio mit der Verklärung Christi malen wollte". Das Gemälde wurde um 1516 von Giulio de' Medici, dem späteren Papst Klemens VII. in Auftrag gegeben. Er wollte es zusammen mit der Wiedererweckung des Lazarus von Sebastiano del Piombo in die Kathedrale von Narbonne, seinen Bischofsitz, schicken. In einem Brief an Michelangelo vom 2. Juli 1518 berichtete Sebastiano del Piombo, dass Raphael zu jenem Zeitpunkt noch nicht einmal mit seinem Werk begonnen hatte. Dennoch war es am 6. April, dem Todestag des Künstlers, vollendet. Es handelt sich um das letzte Werk von Raphael. Als es entdeckt wurde, löste es unendliche Bewunderung aus. Auch der Kardinal bemerkte die Anmut der Tafel von Raphael sofort, als es in der Werkstatt des Meisters nach dessen Tod gefunden wurde. Die Verklärung wurde deshalb nicht nach Nabonne geschickt, sondern auf den Sarg des Künstlers gelegt, als Zeichen der Huldigung und des Triumphs – fast als sei es sein geistiges Vermächtnis. Später, als Kardinal Giulio Papst wurde, ließ er das Werk in die römische San Pietro in Montorio Kirche bringen, wo es bis 1797 blieb. Dann kam es nach Paris. 1815 wurde es zurückgegeben und ist seitdem Teil der Vatikanischen Sammlung. Bei diesem Gemälde widmete sich der Künstler jedem Detail. Die Köpfe entwickelte er sogar noch nach Schaffung des Kartons weiter. In dem Werk vereinigen sich zwei Episoden: die der Verklärung Christi auf dem Berg Tabor, die den oberen Teil einnimmt und die der Erwartung der Wiederauferstehung durch die Apostel im unteren Teil. Dort findet auch das Wunder des Besessenen statt, eine Episode, die in den synoptischen Evangelien auf die Verklärung Jesu' folgt, allerdings nicht in präziser Verbindung mit ihr steht. Die Originalität des Werkes besteht gerade durch die Spannung, die sich durch diese Zweiteilung aufbaut. Hoch und Tief – der helle Christus und der dunklere Bereich mit dem Besessenen, bei dem die anderen neun Apostel geblieben sind, die nicht zum Tabor aufgestiegen sind.

Augustusstatue von Primaporta
Vatikanische Museen, Pio Clementino Museum

Die Statue wurde in der Villa von Livia, Augustus' Frau, bei Prima Porta an der Via Flaminia vor den Toren Roms gefunden - daher der Name. Der Körper ist an dem des Diophoros von Poliklet (griechischer Bronzebildhauer aus dem 5. Jahrhundert v. Chr.) inspiriert. Das Gewicht lagert auf dem rechten Bein, das linke ist leicht angewinkelt. Der rechte Arm ist nach Art eines Redners ausgestreckt. In der linken Hand hielt er ursprünglich einen Speer. Man erkennt gleich, dass sowohl Haarpracht als auch Gesichtszüge idealisiert worden sind. Sie sollten später typisch für die Darstellung von Augustus werden, nachdem er zum Kaiser aufgestiegen war. Er trägt einen reich verzierten Harnisch über einer kurzen Tunika. Der Mantel ist um die Hüften gewickelt. Die auf der Brust gearbeiteten Reliefs symbolisieren die Rückkehr zur Harmonie und zum Frieden in der Welt. Die mittlere Szene zeigt die Rückgabe der erbeuteten Feldzeichen, die die Parther den römischen Legionen nach der vernichtenden Niederlage bei Carrhae (53 v. Chr.) abgenommen hatten. Augustus hatte diese Rückgabe durch geschickte Verhandlungen erzielt und ließ das Ganze durch eine geschickte Propaganda in einen militärischen Triumph ummünzen. Der leicht nach rechts geneigte Kopf des Kaisers zeigt die typischen Gesichtszüge von Augustus: die breite Stirn, die gerunzelten Brauen, die eng stehenden und tief liegenden Augen, die lange, gerade Nase, die mageren Wangen unter den hohen Wangenknochen, der kleine, wellige Mund und das spitze Kinn. Bei den offiziellen Abbildungen wollte der Jungkaiser, dass seine Gestalt als Augustus nach formaler, klassizistischer Manier interpretiert wurde. Das sollte später zur Leitlinie in der gesamten Augusteischen Kunst werden. Das Gesicht ist feierlich und distanziert. Das erhöht den Kaiser in eine sublime Dimension. Die Locken auf der Stirn sind ordentlich gelegt. Diesem Schema entsprachen später zahllose Repliken, selbst die Erben wichen davon nicht ab.

MVNIF. PI. IX. P. M.
AN. XVIII

Apoxyomenos
Vatikanische Museen, Pio Clementino Museum

Die römische Kultur erfuhr durch die Eroberung von Syrakus eine entscheidende Wende. Damals kamen unzählige Kunstwerke nach Rom. Dasselbe geschah etwas später nach der Eroberung Mazedoniens und der Einnahme von Korinth. Die vielen nach Rom gebrachten Kunstwerke veränderten, zusammen mit den nach Rom emigrierten griechischen Künstlern, das Antlitz der Stadt und den Geschmack der Römer ganz wesentlich. Mit der Zeit entstand eine große Gruppe von Sammlern, für die aufgrund der riesigen Nachfrage unzählige Kopien berühmter griechischer, an der Klassik inspirierter Kunstwerke geschaffen wurden. Die Sammler kümmerten sich nicht sehr darum, ob das erworbene Stück eine Kopie oder ein Original war. Nach und nach wurden diese Repliken schmückender Teil der römischen Bauwerke. Noch heute gibt es sehr viel mehr Kopien als Originale. Allerdings haben es diese Kopien auch ermöglicht, Kenntnisse über die größten, griechischen Meister aus der Zeit der Klassik zu bekommen. Insbesondere ist da z.B. die Statue des Athleten zu nennen, der sich den Schweiß abtrocknet und der 1849 in Trastevere unter den Resten eines kaiserlichen Gebäudes in der Gegend der Vicolo delle Palme gefunden wurde, weswegen diese Straße dann auch später den Namen Vicolo dell'Atleta bekam. Das Original, der Apoxyomenos, stammte, wie Plinius der Ältere anmerkte, von Lysipp, einem um 390 v. Chr. in Sikyon geborenen Bronzebildhauer. Der Archetyp wurde um 320 v. Chr. geschaffen und kam wahrscheinlich über Kleinasien nach Rom. Plinius erzählt, dass Tiberius ein großer Bewunderer dieses Meisterwerks von Lysipp war und dass er das Original durch eine Kopie ersetzen ließ, während er das echte Stück in sein Privathaus holte. Diese Entscheidung führte zu einem Volksaufstand, wodurch der Kaiser gezwungen war, den Apoxyomenos der Stadt Rom zurückzugeben. Die originale Bronzefigur ging wahrscheinlich bei dem Brand auf dem Campio Marzio 80 n. Chr. verloren. Der Athlet, der sich den Schweiß und den Sand mit einem Hautschabeeisen abtrocknet, ist, wie die Inschrift an der im Vatikan aufbewahrten Replik besagt, wahrscheinlich aus der Zeit von Claudius.

74

Apollo di Belvedere
Vatikanische Museen, Pio Clementino Museum

Das schon im 15. Jahrhundert bekannte und bewunderte Werk wurde 1509 aus dem Palast des Kardinals Giuliano della Rovere bei San Pietro in Vincoli in den Hof des Belvedere des Vatikans gebracht. Der Apollo del Belvedere galt lange Zeit als eine der schönsten und kostbarsten Skulpturen der griechischen Antike. Winckelmann beschrieb sie in seinem Basiswerk der Geschichte der Kunst des Altertums im Jahre 1764 mit einer seiner berühmtesten Passagen: „Die Statue des Apollo del Belvedere ist das sublimste unter den antiken Werken, das sich bis heute erhalten hat. Man könnte meinen, der Künstler habe hier eine rein ideale Statue schaffen wollen, indem er von dem Material nur das weggenommen hat, was nötig war, um seine Absicht auszudrücken und sichtbar zu machen [...]. Die Gesamtheit seiner Formen übersteigt die menschliche Natur und in seiner Haltung zeigt er die göttliche Größe, die ihm verliehen wurde." Lange ist die Statue des Apollo als griechisches Werk angesehen worden. Im letzten Jahrhundert hat man allerdings erkannt, dass es sich um eine römische Kopie aus der Zeit von Hadrian handelt. Das Original aus Bronze hatte Pausania (I,3,4) in der Agorà von Athen gesehen und Leochares zugeschrieben, dem Bildhauer aus dem Athen um 390 v. Chr.

Laokoon
Vatikanische Museen, Pio Clementino Museum

Diese berühmte Skulpturengruppe aus Marmor wurde am 14. Januar 1506 in einem Weinberg auf dem Esquilin gefunden. Plinius der Ältere hatte es seinerzeit als Verzierung des Palastes von Titus gepriesen. Geschaffen wurde es von den drei Bildhauern aus Rhodos, Athenodoros, Hagesandros und Polydoros. Das von Julius II. im selben Jahr seiner Auffindung gekaufte Werk wurde im Hof des Belvedere im Vatikan aufgestellt. Der rechte Arm der mittleren Figur war damals verloren gegangen und im 17. Jahrhundert falsch rekonstruiert worden. Es war der Archäologe Ludwig Pollak, der ihn 1905 in der Werkstatt eines römischen Steinmetz fand. Das Werk zeigt Laokoon, der mit seinen Söhnen von Schlangen getötet wird, weil er die Göttlichkeit des Trojanischen Pferdes angezweifelt hatte. Die Figuren sind von den Schlangen gefesselt, die bereits den jüngeren Sohn getötet und den Vater an seiner linken Hüfte verletzt haben. Der ältere Sohn versucht noch, der tödlichen Umschlingung zu entkommen. Die Entdeckung der monumentalen Gruppen in der Grotte von Sperlonga, die zu Titus' Villa gehörte, ist von denselben Autoren. Dadurch ist eine Diskussion über den Ursprung des Werkes entstanden. Man weiß nicht, ob es sich um ein hellenistisches Original handelt, oder um eine zur Zeit von Tiberius angefertigte Kopie nach einem Bronzevorbild aus der 2. Hälfte des 2. Jahrhunderts.

Raphael, Stanzen
Vatikanische Museen

Die ganz große Chance bietet sich Raphael im Jahr 1508. Seinerzeit beschloss Giuliano Della Rovere, Papst Julius II., in das obere Stockwerk des Vatikanpalastes umzuziehen, und zwar dorthin, wo sich im Nordteil vier neue Säle befanden, die restrukturiert werden mussten. Die Arbeiten wurden Bramante übertragen. Sie begannen in der Stanza della Segnatura und der Pontifex rief einige der berühmtesten Künstler zusammen, zu denen auch der junge Raphael gehörte. Dessen Erfolg setzte unmittelbar ein. Der Papst ließ daher „alle Geschichten von anderen alten oder neuen Künstlern auf den Boden niederreißen" und beauftragte den Maler aus Urbino mit der gesamten Dekoration. Im ikonographischen Programm der Stanza della Segnatura, dem Studierzimmer und der Bibliothek des Papstes, hielt sich Raphael nicht an herkömmliche Vorbilder, sondern schuf eine Reihe von idealisierten Porträts und Symbolen der Weisheit, um sie in einen großen Zusammenhang zu stellen, bei dem das ordnende Konzept, das die Grundlage für die Vereinigung von antikem Wissen und christlicher Offenbarung ist, sichtbar gemacht werden sollte. Die ausgeglichene Gewichtung der Massen und Kräfte, sowie die präzise Platzzuteilung jedes einzelnen Details lassen auf eine geistige Ordnung schließen, die ganz klar in allen Stanzen hervortritt. Alles ist von Weitläufigkeit und zarten Farbtönen geprägt, die in harmonischem Einklang miteinander stehen. Auch die gut beobachteten Gesten sind charakteristisch für die Komposition. Bei dem komplexen ikonographischen Programm für die Stanzen musste natürlich auf die spirituelle und irdische Macht der Kirche hingewiesen werden. Immer wieder musste an die ideelle Kontinuität zwischen der Größe des antiken Rom und dem Erfolg des sich mittlerweile durchgesetzten modernen und christlichen Rom erinnert werden. Bei allen Fresken in den ersten Stanzen verstand es der Künstler auf die Wünsche und Erwartungen des Papstes einzugehen und ihnen zu entsprechen. Julius II. starb zwischen dem 20. und 21. Februar 1513. Von dem auf ihn folgenden Papst, Leo X., erhielt Raphael den Auftrag für die dritte der Stanzen, die den Namen der einzigen dort dargestellten Episode trägt: der Brand des Borgo (um 1514). Raphaelkenner haben in diesem Werk einen neuen Malstil des Meisters erkannt, der von einem heroischen Anklang an die Klassik durchdrungen ist und in dem eine ungekannte Unrast durchscheint. Damit kündigt sich bereits der Manierismus an.

Befreiung des Heiligen Petrus, und Detail, Stanze des Heliodoros.

Auf den folgenden Seiten, *Der Borgobrand*, Stanze des Borgobrandes.

LEO·PP·IIII

Raphael, die Schule von Athen
Vatikanische Museen

In der Schule von Athen (1509) bestätigt Raphael die grundlegende Bedeutung der rationalen Suche nach dem Wahren. Sie soll sich vereinigen mit der Öffnung zum antiken Wissen, das hier im Kontext eines für einen katholischen Papst zur Zeit der Renaissance ausgeführten Projekts verherrlicht wird. Innerhalb einer grandiosen, klassischen Architektur bewegen sich Philosophen und Weise der Antike. In der Mitte sieht man Plato, der mit der Hand in den Himmel zeigt und Aristoteles, der mit seiner Rechten zu Boden weist. Die Gesten sind maßvoll und viel sagend. Sie sind Ausdruck des Gedankens. Zeitgenossen von Raphael leihen den Weisen der Vergangenheit ihr Gesicht, wie z.B. Michelangelo, der zur gleichen Zeit die Decke in der Sixtinischen Kapelle ausmalte. Man kann ihn im Heraklit erkennen, der auf der Treppe sitzt und sich mit dem linken Ellbogen auf die erste Stufe aufstützt. Die Szene ist von unglaublich beeindruckender Kraft. Die Botschaft und die Rolle der dargestellten Personen sind auf den ersten Blick verständlich. Das sie durchströmende Licht verleiht dem Ganzen Feierlichkeit und Klarheit. In einem grandiosen Szenario wird hier die Kontinuität zwischen Antike und Moderne, zwischen der großen Philosophie der heidnischen Welt und der Größe der christlichen Kirche verherrlicht.

TIMEO

Fresken des Fünfzehnten Jahrhunderts in der Sixtinischen Kapelle Vatikanische Museen

Das ikonographische Programm der von 1477 bis 1481 nach Entwürfen von Baccio Pontelli innerhalb des Vatikanischen Komplexes erbauten Sixtinischen Kapelle sollte eindeutig die päpstliche Autorität von Sixtus IV. della Rovere (Papst seit 1471) zum Ausdruck bringen. Die dafür vom Papst beauftragte Künstlergruppe stand, folgt man zumindest neuesten Erkenntnissen, unter der Leitung von Perugino. Der soll die Arbeiten bis 1480 allein durchgeführt und die wesentlichen Richtlinien festgelegt haben, wie z.B. die architektonische Aufteilung und die Dimension der Figuren. Im Sommer 1481 wurden auch Cosimo Rosselli, Botticelli und Ghirlandaio dazu gerufen. Gegen Ende kamen auch Luca Signorelli und Bartolomeo della Gatta hinzu. Sie schufen jeweils die Letzten Tage von Moses und den verloren gegangenen Disput zwischen dem Heiligen Michael und dem Teufel. Es sind Werke von außergewöhnlicher Plastizität und unglaublichem Einfallsreichtum. Sie beeinflussten Michelangelo nicht unwesentlich bei der Gestaltung seiner Decke. Perugino wurde mit dem, was die Doktrin betrifft, wichtigsten Fresko beauftragt: Christus übergibt Petrus die Schlüssel. Nicht von ungefähr sieht man hier sein Selbstporträt neben den zwei Baumeistern. Der umbrische Meister ist auch der Einzige, der seine Signatur im gesamten Zyklus an der Taufe Christi hinterließ. Im mittleren Teil rechts befinden sich die Geschichten von Christus, links dagegen die von Moses. Die einen stehen den anderen also gegenüber. Die Überschriften über den einzelnen Szenen sind erläuternder Natur und sollen die Auslegung unterstreichen, nach der die Begebenheiten um Moses die Ankündigung von Christus waren. Angelpunkt des gesamten Zyklus ist die Übergabe der Schlüssel, bei der Perugino beweist, dass er die geometrisch-mathematische Konzeption von Piero della Francesca

Sandro Botticelli,
Versuchung Christi.

aufgenommen hat. Die Episode ist auf einer Zentralachse aufgebaut, deren Blickpunkt die Spitze des Tympanon an Salomos Tempel ist. Die Marmorplatten auf dem Platz sind auf der Basis geometrischer Fluchtlinien angelegt. Die von Perugino perfekt symmetrisch angelegte Szene ist von starker Ausdruckskraft. An der Horizontlinie sieht man zwei Triumphbögen, auf dem Platz stehen zwei Gruppen von Anwesenden, die die Zentralszene wie Flügel umgeben. Zu der maßvollen Ordnung in Peruginos Komposition gesellt sich die unruhige Phantasie des Botticelli in seiner Szene mit der Bestrafung von Korah, Dathan und Abiron. Hier wird auf diejenigen gezeigt, die sich gegen Moses auflehnten. Durch die Botschaft des Bildes soll die absolute Legitimität der päpstlichen Vorherrschaft bekräftigt werden.

Sandro Botticelli, *Bestrafung von Korah, Dathan und Abiron*, Detail.

Perugino, *Übergabe der Schlüssel.*

Michelangelo, Fresken an der Decke der Sixtinischen Kapelle Vatikanische Museen

Die 1477 von Sixtus IV. begonnene Sixtinische Kapelle wies 1504 schwere Mängel in der Statik auf, was umfassende Konsolidierungsarbeiten erforderlich machte. Der am Gewölbe gemalte Sternenhimmel wurde durch das Einsetzen von Eisenketten und durch Abdichtungsmaßnahmen stark in Mitleidenschaft gezogen. Julius II. beschloss daher, Michelangelo mit neuen Fresken für die Decke zu beauftragen. Das ikonographische Programm sah die Geschichten der Genesis, der Propheten, der Sybillen, der Vorfahren Christi und andere allegorische Figuren vor. Auf diese Art sollte die Decke die Vorgeschichte der an den Seiten im 15. Jahrhundert geschaffenen Episoden mit Moses, Jesus und den Päpsten sein. Die Arbeiten begannen 1508 und wurden von Michelangelo fast völlig allein bis 1512 ausgeführt. Die monumentalen Figuren, die hierarchisch dimensioniert sind, befinden sich innerhalb einer großartigen architektonischen Aufteilung, die die einzelnen Teile miteinander verbindet. Das Ganze ist eine Aufeinanderfolge von Triumphbögen, die den Gang des Papstes vom Eingang zum Altar rhythmisch begleiten. Die Erzählung beginnt bei den kräftig dargestellten Propheten und Sybillen in den Kragsteinen, die größer als alle anderen Figuren sind. Die Körper sind muskulös und voller Energie. Man sieht sie in verschiedenen Haltungen, mal nachdenklich, mal von Dynamik durchdrungen. Im mittleren Teil des Gewölbes hat Michelangelo neun Geschichten aus der Genesis dargestellt. Die vom Künstler gewollte Lesrichtung ist zeitlich rückwärts gedacht. Dort sind die

Szenen von der Schöpfung bis hin zu den Geschichten von Noah, dem Stammvater der Juden, dargestellt. Zentraler Blickpunkt der Erzählung ist allerdings die Schöpfung von Adam, eine weltweit bekannte Darstellung. Sie ist das sozusagen das Emblem jener perfekten Klassizität der Renaissancekultur. Die Komposition ist auf quer verlaufenden Linien aufgebaut, die parallel zueinander angelegt sind oder sich überkreuzen. Dadurch wird ein Effekt erzielt, als zögen die Körper sich gegenseitig an. Die Erzählung der Genesis geht weiter mit der Darstellung der Stämme, die aus den drei Söhnen Noahs hervorgehen. Sie sind die Vorfahren Christi und sind in den Kappen und Lünetten gemalt. Besonders bei Letzteren hat Michelangelo einige Neuheiten ausprobiert. Die dargestellten Figuren haben eine große Bandbreite an Gemütsstimmungen.
Ungeachtet des Betrachters sind sie in private Gedanken versunken. Die Farben sind schillernder, während die Technik freier und spontaner ist.

Michelangelo, das Jüngste Gericht
Vatikanische Museen, Sixtinische Kapelle

Klemens VII. war der Erste, der Michelangelo 1533 vorschlug, das Jüngste Gericht auf die Altarwand der Sixtinischen Kapelle zu malen. Nach dem Tod des Medici-Papstes wurde das Projekt von seinem Nachfolger, Paul III. Farnese weitergeführt. Im Juni 1535 begann der Meister mit dem Aufbau der Gerüste. Er verkleidete die Wand mit einer Backsteinschicht, die oben dicker als unten war. Dadurch entstand eine leicht geneigte Oberfläche, die eine bessere Betrachtung des Werkes ermöglichte und die Ablagerung von Staub verhinderte. Das Jüngste Gericht ist eine durchgehende Komposition, bar jeglicher architektonischer Umrahmungen. Die einzelnen Teile sind, von oben nach unten, miteinander verbunden und weisen aufeinander hin. Der mit Lapislazuli gemalte Himmel, einem unverwüstlichen Grundstoff, der ebenso kostbar wie Gold war, bringt die verschiedenen Ebenen in Verbindung und transportiert die Vision symbolisch ins Zeitlose. Die Engel mit den Symbolen der Passion sind oben in den Lünetten gemalt. In der Mitte ist Christus mit Maria, umringt von Heiligen und Seligen. Auf der mittleren Ebene sind die Engel mit den Posaunen des Jüngsten Gerichts, daneben die Gerechten, die aufsteigen, und die Verdammten, die in die Unterwelt zurückgejagt werden. Die letzten Szenen auf der unteren Ebene stellen die Auferstehung der Körper und den Gang der Verdammten in die Hölle dar. 1564, nach dem Konzil in Trient, wurde Daniele da Volterra damit beauftragt, die berühmten „Höschen" zu malen, um die Nacktheit zu bedecken, die damals als im Übermaß dargestellt betrachtet wurde. Anlässlich einer kürzlich erfolgten Restaurierung (1990-94) wurden einige dieser Eingriffe von Volterra – diejenigen, die er in Seccomalerei geschaffen hatte – wieder entfernt. Dank der Säuberung erstrahlt das Fresko nun wieder in all seiner Leuchtkraft. Man kann Details und auch die Gesamteinheit des Werkes nunmehr besser erfassen. Diese außerordentliche, danteske Vision, welche die Schrecklichkeiten des strengen Gottesgerichts aufzeigt, impliziert notwendige Bezüge seitens der Kirche zur zerstörerischen Plünderung Roms. Sie spricht eine universelle Sprache, die sie ins Zeitlose projiziert, um Betrübnis und Ängste des Individuums anzusprechen.

IONAS

Beato Angelico, Fresken in der Niccolina Kapelle
Vatikanische Museen

Man schrieb das Jahr 1447, als der erst wenige Monate zuvor zum Papst gewählte Nikolaus V. den florentinischen Maler nach Rom rief, um dort einen kleinen Raum zu dekorieren, der im Vatikanpalast die Privatkapelle des Papstes werden sollte. Mithilfe einiger Mitarbeiter schuf Beato Angelico die Geschichten der Heiligen Laurentius und Stephanus, beide Helden des frühen Christentums und Zeitzeugen jenes Übergangs von der heidnischen Welt zur Christlichkeit. Man sieht im Hintergrund eine ideale Stadt, in der Renaissancegebäude neben antiken Bauten stehen. Die Figuren tragen moderne Kleidung und beziehen sich auf lebende Personen, wie z.B. Papst Sixtus II., dem das Aussehen von Nikolaus V. verliehen wurde. Eine feierliche, fast monumentale Stimmung prägt die Fresken von Beato Angelico. Das gilt sowohl für die plastisch definierten Personen, als auch für die grandiosen Architekturen, die in einigen Fällen geradezu kühne perspektivische Verkürzungen aufweisen. Die perfekte architektonische Einbettung und die Sicherheit bei der Darstellung der Figuren drücken wirkungsvoll das von dem Papst verfolgte Konzept eines christlichen Humanismus aus, bei dem die antike Kultur mit der christlichen in Einklang gebracht werden sollte, um das päpstliche Rom als die legitime Erbin des imperialen Roms zu definieren. Das Interesse an Perspektive und Architektur erkennt man gut an der Szene mit dem Heiligen Laurentius, der die Schätze der Kirche überreicht bekommt. Hier versteckt ein Laubengang den Papst vor zwei Bewaffneten, die in ein klassisch anmutendes Portal mit dem im Relief dargestellten Antlitz von Gottvater auf dem Tympanon eintreten. Der hier vorherrschende Grundton ist Weiträumigkeit und Erzählfreude, fast als handele es sich um ein Märchen. Was die örtliche Anlage betrifft, scheint der Meister die Prinzipien von Reichtum, Vielfalt und Farben aufnehmen zu wollen, die Alberti zufolge einem Gebäude „den Eindruck von Leichtigkeit und Gefälligkeit verleihen". Das Maßvolle und die Ordnung der florentinischen Renaissancekunst vereinen sich mit dem von Nikolaus V. geförderten Humanismus, dem ein so intensives Interesse an Archäologie und Architektur innewohnte.

Vorangegangene Seite: *Der Heilige Laurentius verteilt Almosen.*

Oben: *Der Heilige Laurentius wird zum Diakon geweiht*, daneben: *Der Heilige Sixtus überreicht dem Heiligen Laurentius die Shätze der Kirche.*

Jenseits der Stadtmauer

82-84. Villa Borghese
Casino Borghese
Park und die Geheimen Gärten

85-91. Borghese-Galerie
Der schlafende Hermaphrodit
Tizian, *Heilige und die profane Liebe*
Gian Lorenzo Bernini, *Apollo und Daphne*
Gian Lorenzo Bernini, *der Raub der Proserpina*
Antonio Canova, *Paolina Borghese*
Caravaggio, *David mit dem Haupt von Goliath*
Giovanni Girolamo Savoldo, *Tobiolus und der Engel*

92-94. Etruskisches Museum in der Villa Giulia
Sarkophag der Eheleute
Apollo von Veio

95-96. Nationalgalerie für Moderne Kunst
Giacomo Balla, *Der Park der Rehe*
Renato Guttuso, *die Kreuzigung*

97. Auditorium Renzo Piano

98. Dives misericordioso
Richard Meier

99. Via Appia Antica und Grab von Cecilia Metella

100. Katakomben von Domitilla

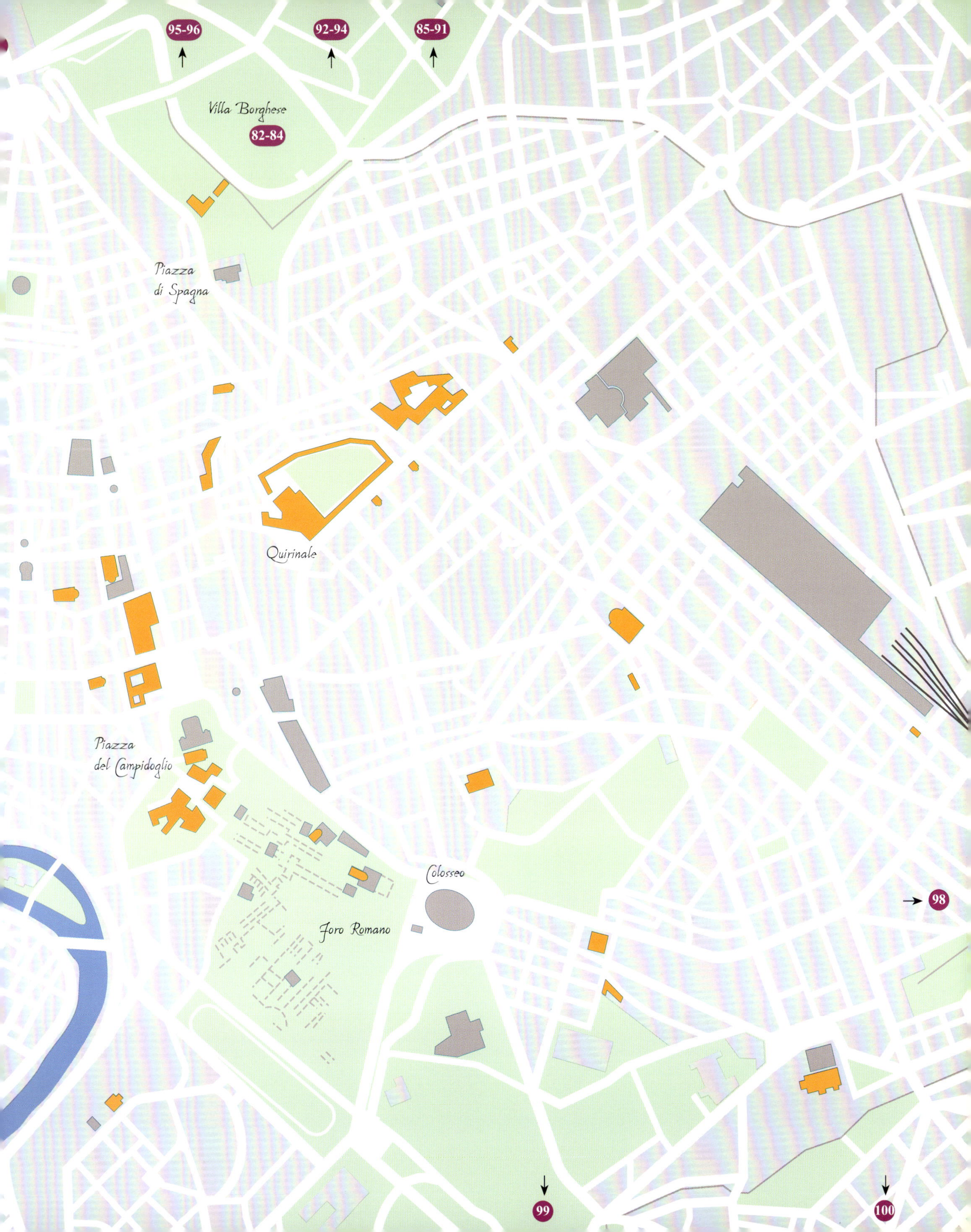
95-96
92-94
85-91
Villa Borghese
82-84
Piazza
di Spagna
Quirinale
Piazza
del Campidoglio
Colosseo
Foro Romano
98
99
100

Villa Borghese

Als Paul V. Borghese 1605 zum Papst gewählt wurde, war es sein Neffe Kardinal Scipione Borghese, der der eigentliche „Herr über Rom“ wurde. Diese Position verwendete Scipione jedoch nicht dazu, die Staatsgeschäfte zu führen oder seine Macht auszubauen, wie das normalerweise für die so genannten „Neffenkardinäle“ üblich war, sondern um sein maßloses Vergnügen am Besitz von Kunstwerken auszuleben. Dieser Leidenschaft opferte er alle anderen Ambitionen, sowohl was die Regierung als auch die Familieninteressen anging. Scipione Borghese beschloss bereits im Alter von 53 Jahren, also 1629, sich aus dem öffentlichen Leben zurückzuziehen, als sein bester Freund Maffeo Barberini Papst Urban VIII wurde, was ihm eigentlich neue Macht und weiteren politischen Einfluss hätte verschaffen können. Als er Anfang des 17. Jahrhunderts damit begonnen hatte, in den Gärten außerhalb der Stadt bei der Porta Pinciana sein Casino zu bauen, war das vor allem mit der Absicht geschehen, sein ganz persönliches Verlangen zu befriedigen, d.h. schöne Dinge zu sammeln. Das ging über Meisterwerke der Antike und Gemälde bis hin zu Skulpturen des 16. Jahrhunderts und denen der berühmtesten Künstler seiner Zeit. Das erforderte natürlich einen bis ins kleinste Detail geplanten Ort, an dem er jedes dieser kostbaren Stücke angemessen ausstellen konnte. Guido Reni, Gian Lorenzo Bernini und Caravaggio waren einige der Meister, die für diesen lebenslustigen und überheblichen aber auch gebildeten und gastfreundlichen Kardinal arbeiteten. Neben seiner Sammelleidenschaft nährte er auch andere Interessen wie die Erforschung der

Wissenschaft und die Musik. In der Villa hatte er diverse Instrumente. auf denen er regelmäßig spielte. Noch heute sind das Borghese-Museum und die Borghese-Galerie in der Villa untergebracht. Sie zählt zu den „Perlen der privaten Sammlungen". 1901 wurde das Gebäude nach langen gerichtlichen Auseinandersetzungen vom Staat erworben. 1903 wurde der an die Gemeinde übergegangene Park dem Publikum eröffnet. Beim Besuch der Villa Borghese macht man in gewisser Weise einen Rundgang durch die Kulturgeschichte Roms.

Ansicht von Atrium und von der Fassade.

Johann Wilhelm Baur, *Ansicht der Villa Borghese*.
Rom, Borghese-Galerie.

Casino Borghese
Villa Borghese

Das Casino war als kostbarer Schrein für die Kunstwerke von Kardinal Scipione Borghese entworfen worden. Dessen an die Antike erinnernde Schlichtheit verschmilzt mit der reichen neoklassizistischen Dekoration des Inneren, die Ende des 18. Jahrhunderts unter der Schirmherrschaft von Marcantonio IV. Borghese geschaffen wurde. Die Typologie des „Pincio-Casino" ist die einer Vorstadtvilla des 16. Jahrhunderts. Bezugspunkte waren die Villa Farnese Chigi und die Villa Medici. Zwei prägende Elemente sind die seitlichen Türmchen, durch die man das Gebäude schon von weitem inmitten des Grüns ausmachen kann. Hinzu kommen die Vorhalle, in dem antike Skulpturen stehen, und der große, helle Eingangssaal. Vorbilder waren reichlich vorhanden, so vor allem die Villa Medici. Schon von außen konnte man den Reichtum der im Inneren aufgestellten antiken Sammlung erkennen. Ein fein ausgeklügeltes Spiel von Leere und Fülle, von Hell und Dunkel schufen ein bewegtes Bild. Bei den letzten Restaurierungsarbeiten wurde die ursprüngliche Aufgangstreppe mit den zwei Rampen wiederhergestellt, die 1795 durch eine pyramidale ersetzt worden war, weil der Boden nachgegeben hatte. Beim ursprünglichen Entwurf für das Original von Flaminio Ponzio erkennt man eindeutig die Anlehnung an Michelangelos Palazzo Senatorio auf dem Kapitol. Über die so angelegte Treppe konnte man sofort in die offene Vorhalle kommen, die damals noch kein Gitter hatte. Die vielen Fenster und Bögen der zwei von Lanfranco später mit dem Konzil der Götter dekorierten Loggen im Erdgeschoss vorne und der im ersten Stock westlich erinnern an die für Palladio-Villen typische Verbindung zwischen Natur und Architektur. Das Licht ist ein Basiselement beim Casino. Es wird durch den weißen, marmornen Außenputz hervorgehoben, der erst in den Jahren 1995 bis 1997 wiederhergestellt wurde.

Park und die Geheimen Gärten
Villa Borghese

Villa Borghese ist auch das: ein Park, der sich über 80 Hektar im Herzen der Stadt von den Mura Aureliane, Porta Pinciana, Piazzale Flaminio und die neuen, nach der Einheit Italien entstandenen Viertel des Salario und Pinciano erstreckt. Er ist gleichermaßen beliebt bei Römern als auch bei Touristen. Er wird in Reiseführern aller Epochen gepriesen, in der Literatur zitiert und als Filmkulisse verwandt. Wiesen, Alleen, Wäldchen, Pinienhaine, Gärten und Täler wechseln sich in der Landschaft ab, um stets neue und unerwartete Ausblicke zu bieten. Sie gehören mit ihren offenen Flächen, Brunnen, Skulpturen, Wäldchen und Jagdrevieren zur Gesamtgestaltung des Parks. Alles steht in einem harmonischen Zusammenhang. Formales wechselt sich ab mit frei Wachsendem. Der Geheime Garten ist eine Besonderheit der Renaissance- und Barockvillen. Er leitet sich ab aus dem mittelalterlichen hortus conclusus. Er ist direkt an das Gebäude angeschlossen und von einer Mauer geschützt. Hier züchtete man seltene Pflanzen. In der Villa von Scipione gab es zwei Privatgärten zu beiden Seiten des Gebäudes. Der erste hieß „dei melangoli“ (bittere Orangen) und der zweite „dei fiori“ (Blumen). Ein dritter entstand um 1680 zwischen den beiden Pavillons „Uccelliera“ und „Meridiana“. Hier wurden seltene und exotische Pflanzen, besonders solche mit Zwiebeln, gezüchtet. Die zwei mit der Fassade zusammenhängenden Gärten sind circa 100 m lang und 20 m breit. Sie sind von hohen, reich verzierten Mauern umgeben. Auf die Zeit von Scipione geht auch die „Uccelliera“ zurück, ein besonders faszinierendes Ambiente, das die Villen des 16. Jahrhunderts charakterisierte und seinen Ursprung in römischen Zeiten hat. Die Arbeiten an der „Uccelliera“ erfolgten in den Jahren 1617 und 1618 unter der Leitung von Giovanni Vasanzio. An beiden Fassaden der „Uccelliera“ sind reiche Verzierungen aus Travertinstein und Stuck mit Groteskenmaskaronen, Blumengirlanden, Vasen und Füllhörnern voller Blumen aller Art. Es ist ein ständiges Wechselspiel zwischen Garten und Blumen.

Der schlafende Hermaphrodit
Borghese-Galerie

Die Sammlung antiker Skulpturen und alter Gemälde in der Villa Borghese geht auf Kardinal Scipione Borghese zurück (1567-1633), den Neffen von Papst Paul V. 1807 zwang Napoleon den Ehemann seiner Schwester Paolina, Camillo Borghese, ihm einen Großteil seiner antiken Stücke zu verkaufen. Zur gleichen Zeit kümmerte sich die Familie jedoch darum, durch Neuankäufe oder Ausgrabungskampagnen die Großartigkeit der ursprünglichen Sammlung aufrecht zu erhalten. Auf diese Weise gelangte die Statue des Schlafenden Hermaphroditen, eine nach einem Original aus dem 2. Jahrhundert v. Chr. angefertigte Kopie aus dem 2. Jahrhundert n. Chr., in die Sammlung der Villa, um ein ähnliches, von Bernini restauriertes Exemplar, das in den Louvre gewandert war, zu ersetzen. Die faszinierende Besonderheit dieser Figur des Sohnes von Hermes und Aphrodite liegt in seiner unterschiedlichen Natur, zwischen weiblich und männlich, je nach Blickpunkt des Betrachters. Schmachtend liegt er dort im Schlaf auf einem Lager hingestreckt, das im 18. Jahrhundert von Andrea Bergondi restauriert wurde.

86

Tizian, die heilige und die profane Liebe Borghese-Galerie

Dieses 1514 von Tizian im Alter von 25 Jahren geschaffene Gemälde entstand anlässlich der Hochzeit zwischen Niccolò Aurelio, dem venezianischen Sekretär des Zehnerrates, dessen Wappen man am Sarkophag sehen kann, und Laura Bagarotto, der Tochter eines Juristen aus Padova. Ein mit Basreliefs verzierter Brunnen, der an antike Sarkophage erinnert, nimmt die lange Seite des Bildes ein und teilt es in zwei Teile. Eine weitere Zäsur stellt das Laubwerk hinter der Putte dar, die Wasser ausschenkt. Auch der Hintergrund ist unterteilt: auf der eine Seite die Kirche und eine Schafherde, auf der anderen eine befestigte Stadt und zwei Kaninchen (Symbole der Liebe und der Fruchtbarkeit). Es hat unter Fachleuten lange Auseinandersetzungen über die Gegenüberstellung der beiden Frauen auf dem Brunnenrand gegeben, die eine nackt, die andere bekleidet. Diesen Kontrast hatte es schon einmal gegeben, und zwar bei einem illustren Werk. Plinius erzählt, wie der griechische Bildhauer Praxiteles zwei wunderbare Statuen von der Venus geschaffen hatte, die eine nackt und die andere bekleidet. Die beiden gleichermaßen perfekten Frauenfiguren sollten jeweils „das kurze Glück auf Erden" mit dem Attribut des Gefäßes der Freuden und das „ewige, himmlische Glück" mit der brennenden Flamme der Gottesliebe in Händen symbolisieren. In der angezogenen Venus soll man daher offensichtlich die reine Braut erkennen, die sich Amor nähert und dabei von Aphrodite begleitet wird. Die Geste der Putte, die bei dem Sarkophag das Leben spendende Wasser ausgießt, soll wohl die Liebe als Mittlerin zwischen Himmel und Erde darstellen. Der Titel des Werkes stammt aus dem späten 18. Jahrhundert und entstand gemäß einer moralistischen Lesart auf der Basis der bekleideten Figur, die weit entfernt von der originalen war. Den Ruhm dieses Werkes von Tizian bestätigt folgende Begebenheit: 1899 boten die Bankiers Rothschild dafür einen höheren Preis, als damals für die gesamte Villa Borghese, inklusive Kunstwerke, verlangt wurde.

Gian Lorenzo Bernini, Apollo und Daphne
Borghese-Galerie

In diesem Fall ist es das Thema der Metamorphose, das einem Werk zu Grunde liegt, in dem ausdrucksvoll, lebendig, bewegt und elegant die Ästhetik des Barock zu sehen ist. Bernini konzentriert seine ganze Aufmerksamkeit auf jenen Augenblick, in dem die Nymphe Daphne in Lorbeer verwandelt wird, während im gleichen Moment der Gott Apollo herbeieilt. Durch den Schwung dieser Bewegung bis hin zu dem Moment der absoluten Reglosigkeit zeigt uns Bernini die ganze schmerzhafte Intensität, die dem letzten Atemzug innewohnt. Das extreme Gefühl von Vitalität dieses kurzen Moments ist Teil der Lebensdynamik an sich. Der Auftrag für das Werk geht auf Anfang 1622 zurück, als Bernini den Raub der Proserpina gerade abgeschlossen hatte. Er wurde von Scipione Borghese erteilt. Der Prototyp für die Figur der Daphne ist in den bacchischen Szenen mit den Mänaden im Basrelief antiker Sarkophage zu suchen. Bernini war ein großer Kenner der Antike. Eindeutig ist daher auch, dass die Figur des Apollo am Apollo del Belvedere in den Vatikanischen Museen inspiriert ist. Er beweist selbst bei der Kleidung seine tiefe philologische Kenntnis der Antike. Auch bei diesem Werk will der Künstler die Zeitabfolge in einem einzigen Bild darstellen. Mit hoher Genauigkeit legt er die Figuren in Bezug zum Betrachter an. Kommt man von links in den Saal hinein, fällt der Blick zuerst auf Apollo, wobei man der jähen Bewegung zur Nymphe hin gewahr wird. Dann, wenn man sich direkt davor stellt, erkennt man die Details der Metamorphose, die der Maler mit unvergleichlicher Virtuosität eingefangen hat. Auf der drachenförmigen Schriftrolle am Sockel der Skulptur liest man ein moralisierendes Zitat aus den Zwölf Distichon für eine Galerie, die Maffeo Barberini, der spätere Urban VIII. zwischen 1618 und 1629 verfasste: „Quisquis amans sequitur fugitave gaudia forme/fronde manus implet baccas seu carpit amaras“. („Jeder, der es liebt, die kurzen Freuden zu suchen, wird seine Hand zum Pflücken ins Laubwerk ausstrecken, um allenfalls bittere Früchte zu ernten.“)

Gian Lorenzo Bernini, der Raub der Proserpina
Borghese-Galerie

Das Werk zeigt den König der Unterwelt, Pluto, der die junge Tochter von Jupiter und Ceres, Proserpina, entführt, um sie zu seiner Frau zu machen. Proserpina wird so zur Königin der Unterwelt, während die Mutter, die Göttin der Ernte, sich trauernd zurückzieht und dadurch Dürre und Hungersnot auslöst. Jupiter befahl Pluto daher, das Mädchen ziehen zu lassen. Proserpina wurde es schließlich erlaubt, zwei Drittel des Jahres auf der Erde zu verbringen und ein Drittel mit Pluto im Reich der Toten. Bei jeder Rückkehr in das Reich der Lebenden kam auch das Leben auf die Erde zurück, indem sie sich mit Blumen bedeckte. Der in der Skulptur dargestellte Mythos ist Ovids Metamorphosen entnommen und bezieht sich auf den Frühling. In gewisser Weise gilt das auch für die Familie Borghese nach dem Tod Pauls V. im Jahre 1620. Die Gruppe wurde von Scipione bei Bernini nämlich nach der von Äneas und Anchise in Auftrag gegeben und im Juni 1621 bezahlt. Von der mythologischen Erzählung erfasste der Bildhauer den dynamischsten Moment, und zwar den des Raubes. Dadurch entstand eine monumentale Gruppe von bemerkenswerter Komplexität. Die zwei Figuren winden sich umeinander und bilden eine Spiralform, fast als würde die der Drehung innewohnende Kraft materialisiert werden. Noch einmal ist der Bezug auf die hellenistische Kultur eindeutig. Naturalismus und Virtuosität bestimmen die Anlage des Werkes, in dem die ineinander verschlungenen Körper vertikal in den Raum hineinwachsen. Sie sind in Luft und Licht getaucht und rufen beim Betrachter Staunen hervor. Jedes Detail bei diesem Werk ist dafür gedacht, die Dramatik und die wirbelnde Dynamik der Komposition zu verstärken. Sogar die Haare des Mädchens breiten sich in den sie umgebenden Raum aus, ganz so als seien sie von einem unerbittlichen Wind bewegt. Neu und typisch für das Barock ist die Idee, nachfolgende Momente der Geschichte mit einzufangen. Sie sind in einem einzigen Bild festgehalten. Von links gesehen, zeigt die Gruppe die kraftvolle Ergreifung, von vorne gesehen triumphiert der Sieger regungslos, von rechts gesehen, sieht man die Tränen des Mädchens und ihr Gebet gen Himmel. Der groben Gewalt des Gottes steht die Zartheit der Proserpina entgegen, die man besonders in dem phänomenalen Detail mit der Hand von Pluto in dem jungen Fleisch erkennen kann.

89

Antonio Canova, Paolina Borghese
Borghese-Galerie

Die napoleonische Epoche war für Antonio Canova der Höhepunkt seines internationalen Ruhmes. Aus dieser Zeit stammen seine Büsten und Porträtstatuen der Familienmitglieder Napoleons, zu denen auch das berühmte Werk von Paolina Bonaparte als Siegende Venus zählt. Die Schwester Napoleons hält in ihrer Linken den goldenen Apfel, den sie als Siegprämie von Paris erhalten hatte, als sie den Schönheitswettbewerb gegen Juno und Minerva gewonnen hatte. Die Erfindung, einen Porträtkopf auf den idealisierten Körper einer Gottheit oder eines Helden zu setzen, hatte es schon in der imperialen Kunst Roms gegeben, aber die unverhüllte Darstellung einer bekannten Persönlichkeit von Rang war für die Epoche denn doch außergewöhnlich. Canova verwirklichte auf diese Weise die Metamorphose der historischen Persönlichkeit in eine antike Gottheit. Das Werk fand bei Zeitgenossen sehr große Bewunderung. Die subtile Sinnlichkeit drückte perfekt das Ideal von Grazie aus, wie sie Winckelmann mit den Worten „vom Gefälligen der Vernunft nach“ theoretisiert hatte. Auch deshalb wird das aus herrlich glattem Marmor bestehende Abbild von Paolina als ein Höhepunkt des

neoklassizistischen Stils angesehen. Antonio Canova hatte 1804 mit dem Werk begonnen. Man weiß heute, dass, als das Werk 1808 nach seiner Fertigstellung in der Werkstatt des Künstlers ausgestellt war, dem Jahr in dem es der Auftraggeber Camillo Borghese (Ehemann von Paolina) bezahlt hat, geradezu ein Wettlauf einsetzte, um es zu bewundern. Fürst Borghese nahm es zunächst mit sich nach Turin, wo es bis zur Trennung von Paolina und den Fall Napoleons blieb. Danach stellte er es in der Familienvilla in Rom aus, wo er es sogar nachts von Fackeln beleuchten ließ. Bei diesem Werk verschmelzen die wunderbar weich fließenden Linien mit den Bezügen zu antiken Sarkophagen und den Venusdarstellungen Tizians zu einem perfekten Gleichgewicht von „idealer Schönheit“ und „Schönheit der Natur“. Der aus Marmor bestehende Teil wird von der, kürzlich restaurierten Holzstruktur des Bettes getragen. Hier versteckt sich ein Mechanismus aus jener Zeit, der es erlaubte, das Werk um seine eigene Achse zu drehen. Es war daher das Werk, was in Bewegung war, während der Betrachter von den flüchtigen Eindrücken einer perfekten Schönheit eingenommen wurde.

Caravaggio, David mit dem Haupt von Goliath Borghese-Galerie

David tritt zu drei Viertel hinter einem dunklen Vorhang hervor, mit dem Schwert in der Hand und stolz das abgeschlagene Haupt von Goliath betrachtend, das nach der Enthauptung noch reichlich Blut verliert. Das Gesicht des Riesen ist, obwohl der Kopf abgeschlagen ist, noch ausgesprochen ausdrucksvoll. Die gerunzelte Stirn, der im letzten Atemzug halb geöffnete Mund, der intensiv leidende Blick Goliaths findet seine Entsprechung in der Fleischfarbe des Oberkörpers und dem Gesichtsausdruck bei David. Die braune Hose und das zerrissene Hemd sind eine extreme malerische Synthese. Sie wurden mit langen voneinander getrennten Pinselstrichen und der Kombination von reinem Weiß und Grau in einem feinen Spiel von Transparenzen ausgeführt. Caravaggio hatte sich bei dem Kopf von Goliath selbst porträtiert, während er beim David wohl den „kleinen Caravaggio" schaffen wollte. Neuerdings geht man davon aus, dass der David ein verjüngtes Porträt des Malers ist. Somit wäre dieses Bild ein doppeltes Selbstporträt. Hin- und hergerissen zwischen dem Gefühl des Abscheus und des Mitleids umklammert David das Schwert, auf dessen Klinge nicht leicht lesbare Initialen zu lesen sind, die womöglich die Abkürzung des folgenden Mottos sind: „Humilitas Occidit Superbiam". Der biblische Held ist schließlich ein Sinnbild der Tugend. Schenkt man der Annahme glauben, dass es Scipione Borghese war, der das Werk bei Caravaggio in Auftrag gab, müsste das Werk aus der letzten Zeit in Rom stammen, d.h. vor 1606. Allerdings lässt die Schlichtheit der Formen, die auf das Wesentliche beschränkte Komposition und die schnelle Pinselführung, Experten zufolge, auf eine noch spätere Phase schließen. Das Bild müsste demnach als Geschenk interpretiert werden, mit dem Caravaggio Kardinal Scipione Borghese um Gnade bitten wollte, sozusagen als letztem Versuch, der Verzweiflung über seine Lage und seinem Wunsch nach Rückkehr nach Rom Ausdruck zu verleihen.

Giovanni Gerolamo Savoldo, Tobiolus und der Engel
Borghese-Galerie

Das Werk stellt die biblische Szene dar, in der ein Engel dem jungen Tobias zeigt, den Fisch im Tigris zu fangen, um mit dessen Galle die Blindheit des Vaters zu heilen. Obwohl die beiden Figuren sich frontal gegenüber stehen, hat der Künstler für die Gewänder der beiden dieselben Farben benutzt: Rot und Schneeweiß. Letzteres hebt sich von der Farbe der Flügel ein wenig ab, die im Gegenlicht vor der Vegetation im Hintergrund schimmern. Beim Kopf von Tobiolus hat Savoldo, wie es scheint, den Engel am oberen Paneel des von Tizian gemalten Averoldi Polytychons nachgeahmt, das 1522 nach Brescia gekommen war. Dieses muss die dortigen Künstler ungemein beeindruckt haben. Als dieses Bild hier in die Borghese kam, trug es nämlich eine Zueignung an den großen venezianischen Meister. Aber selbst wenn Tizian den Künstler beeinflusst hat, so ist die Datierung dieses Werkes unter Fachleuten umstritten. Die warmen Farbtöne der venezianischen Malerei verschmelzen mit der Kunst des Savoldo zu einem der lombardischen Kunst eigenen Naturalismus. Auf dem silbern schimmernden Umhang des Engels schafft das Licht metallische, fast ätherische Reflexe. Savoldo hat auf diese Art bei dem Gewand eine Synthese seiner konkreten Suche nach Naturerscheinungen bei der menschlichen Figur geschaffen. Aber auch das Laubwerk sieht aus, als wäre es vom Wind durchstreift. Die Malerei des lombardischen Meisters wurde nicht von ungefähr zum wesentlichen Bezugspunkt für den jungen Caravaggio besonders bei den Halbporträts von jungen Menschen, die er mit erlesenen Farben in Hell-Dunkel-Effekte einbettete.

Etruskisches Museum in der Villa Giulia

Vom Ende des 7. Jahrhunderts bis zum Beginn der Republik im Jahre 509 v. Chr. kreiste Rom um die Interessensphäre der Etrusker. Antike Quellen berichten, dass Tarquinius Priscus ein reicher Bürger von Tarquinia war und sich damit brüstete von einer aristokratischen, griechischen Familie in Korinth abzustammen. Später habe er sich auf die Suche nach Glorie begeben und sich zum König von Rom wählen lassen. Tarquinius und seine Nachfolger schufen Reformen und initiierten große städtebauliche Projekte. Sie machten aus Rom, griechischen Vorbildern folgend, den größten Stadtstaat Mittelitaliens. Heutzutage kann man die Kultur der Etrusker hier in Rom dank bedeutender Museumssammlungen besichtigen, die im 19. Jahrhundert entstanden. Darunter ist das 1889 gegründete Nationalmuseum in der Villa Giulia, in dem einige der wichtigsten etruskischen Fundstücke aus Museumssammlungen des Latiums, Südetruriens und Umbriens zusammengeführt wurden. Die Villa ist ein Beispiel für die von Papst Julius II. gewollte Kultur des Manierismus. Sie steht im Gebiet der Vigna Vecchia und wurde von 1551 bis 1555 erbaut. An ihrer Errichtung wirkten so namhafte Künstler wie Michelangelo und später auch Vasari und Vignola mit. Die Dekorationen stammen von einer Reihe von Künstlern, unter denen sich besonders die Gebrüder Zuccari und Giovanni da Udine hervortaten. Das Museum zeigt Zeitzeugnisse aus den Kulturen der Eisenzeit bis hin zur römischen Epoche im Latium, besonders in der nordwestlichen Gegend zwischen dem Tiber und der Toskana. Ursprünglich war das Museum als Römisches Nationalmuseum gegründet worden, um antike Stücke außerhalb der Provinz von Rom aufzunehmen. Später wurde es durch die Hinzufügung anderer berühmter Sammlungen erweitert, wie z.B. die von Castellani und Barberini.

Olpe Chigi aus Veio, II. Hälfte des VII. Jahrhunderts v. Chr.

Hermeskopf aus dem Sanktuarium von Portonaccio in Veio, Ende des VI. Jahrhunderts v. Chr.

40772

Sarkophag der Eheleute
Etruskisches Museum in der Villa Giulia

Der Terrakotta-Sarkophag, der einst vollständig bemalt war, stammt aus der Nekropole der Banditaccia bei Cerveteri. Er ist eins der größten Meisterwerke etruskischer Kultur um das Ende des 6. Jahrhunderts (ca. 520 v. Chr.). In Wirklichkeit ist er eine Urne für die Asche der Verstorbenen. Sie stellt ein Ehepaar dar, das halb auf den Kissen einer kline ausgestreckt liegt. Der Mann hat einen kräftig gebauten, nackten Oberkörper und umarmt seine Frau zärtlich. Die ist elegant mit einer Tunika, einem Umhang gekleidet. Auf dem Kopf trägt sie die typische Kopfbedeckung mit dem umgestülpten Rand (tutulus). Ihre Schuhe haben dekorierte Spitzen (calcei repandi). In den Händen hielten die beiden wohl Gegenstände oder Speisen für das Bankett. Für die Aristokraten waren gemeinsame Essen die wichtigsten gesellschaftlichen Ereignisse, an denen in der Welt der Etrusker sogar die Frauen teilnehmen durften. Der Einfluss des ionischen Stils ist gut an den großflächigen und weichen Oberflächen der Körper erkennbar, etwas weniger im unteren Teil bei den Falten des Umhangs, der Ausarbeitung der Details und der Darstellung der länglichen Gesichter mit der gerundeten Stirn, den mandelförmigen Augen, der schmalen Nase, dem hervorspringenden Kinn und dem typisch archaischen Lächeln. Bemerkenswert ist die Ausführung des Faltenwurfs zwischen den Kissen.

Apollo von Veio
Etruskisches Museum in der Villa Giulia

Die große Terrakotta-Statue, an der man noch heute etliche Spuren der antiken Bemalung erkennen kann, gehörte zur Dekoration des Tempels von Portonaccio, der Ende des 6. Jahrhunderts v. Chr. (510-500 v. Chr. circa) in Veio erbaut worden war. Zusammen mit anderen Statuen stand sie auf dem Dachfirst in 12 m Höhe. Eine kürzlich erfolgte Restaurierung (2004) hat die Farben in ihrem antiken Glanz wiedererstrahlen lassen. Der Bildhauer muss zur Werkstatt von Vulca gehört haben, dem bedeutendsten Vertreter der Bildhauerei in Veio. Bei ihm hatte, Plinius dem Älteren zufolge, Tarquinius Priscus die Schaffung der Kultstatue für den 509 v. Chr. (nach Beginn der Republik) fertig gestellten Tempel des Kapitolinischen Jupiter in Rom in Auftrag gegeben. Man sieht Apollo, wie er kräftig ausschreitet, vielleicht mit dem Bogen in der Rechten, und gerade Herkules den Heiligen Hirsch von Delphi streitig machen will. So erzählt es die griechische Sage. Das Werk weist durch das leuchtende Gesicht mit dem archaischen Lächeln ionische Einflüsse auf. Auch die dekorative Funktion der Frisur mit den langen Zöpfen, sowie der Falten bei dem eng anliegenden Umhang, unter dem man die kräftigen Muskeln und Sehnen ausmachen kann, weisen in diese Richtung.

Giacomo Balla, der Park der Rehe
Nationalgalerie für Moderne Kunst

„Es war Giacomo Balla, unser Lehrmeister, der uns in die moderne Technik des Pointillismus einwies, ohne jedoch die grundlegenden und wissenschaftlichen Regeln zu vermitteln. Balla war ein Mann von absoluter Ernsthaftigkeit, nachdenklich und ein Maler im wahrsten Sinne des Wortes. [...] Es war ein großes Glück für uns, einen solchen Menschen zu treffen, dessen Entschlussfähigkeit vielleicht unsere gesamte Karriere bestimmte. Die Lage der italienischen Malerei war zu jenem Zeitpunkt so finster und schädlich, wie man sich nur denken kann. In einem derartigen Ambiente hätte es selbst Raphael nur zu einem Genremaler gebracht." So schrieb Gino Severini im Jahre 1946 und unterstrich damit die bedeutende Rolle, die Giacomo Balla für die Vedutenmalerei der Villa Borghese spielte. Er fing sie zu unterschiedlichen Tageszeiten ein. Balla kam 1895 nach Rom und schloss dort Freundschaft mit Duilio Cambellotti, Boccioni und Severini. Er offenbart seine Zugehörigkeit zum Pointillismus naturalistischer und symbolistischer Prägung, ganz nach Art von Segantini und Previati. In dieser Schaffensphase, also bevor er sich dem Futurismus zuwandte und einer seiner bedeutendsten Vertreter wurde, fiel der Wunsch nach einer „neuen" Malerei zusammen mit der Ausrichtung zu einer realitätsgetreuen Darstellung, die allerdings in der Dimension der dynamischen Funktion des Lichts zu einer Zerlegung der Farben hinführt.

Renato Guttuso, die Kreuzigung
Nationalgalerie für Moderne Kunst

„Ich soll ein Auftragsbild malen: zwei Meter mal zwei Meter. Das hat Cairoli so ausgemacht. Der Auftraggeber will eine Kreuzigung über seinem Bett aufhängen. Wie kann man sich nur eine Szene des Leidens über seine Träume hängen? Das ist Kriegszeit: Abessinien, Gas, Galgen, Enthauptungen, Spanien, woanders. Ich will diese Leiden Christi wie eine Szene von heute malen. Sicherlich nicht so, als stürbe Christus jeden Tag für unsere Sünden am Kreuze…, sondern als Symbol für all diejenigen, die Schmähungen erleiden, Gefängnis für ihre Ideen ... die Kreuze (die Galgen), die in einem Zimmer aufgestellt sind. Die Soldaten und die Hunde – die weinenden Frauen mit ihren zerrauften Haaren und derangierten Kleidern – im Kerzenlicht (die Kerze des berühmten Picasso-Manifests bei Guernica?), jemand der reinkommt und rausgeht … oder auf den Kontrast setzen. Das Leiden zwischen dem Volk mit

Jongleuren und Soldaten. Zirkus und Massaker…“. Das 1941 vollendete Gemälde wurde anlässlich des Premio Bergamo ausgestellt und sofort von der Regimepresse angegriffen. Die hatte die polemische Ader durchaus erkannt. Es wird als eins der Meisterwerke von Guttuso angesehen und stellt unzweifelhaft einen Meilenstein in der Kunstgeschichte der italienischen Malerei des 20. Jahrhunderts dar. In diesem Bild vereint sich der farbliche Expressionismus mit einen plastisch-geometrischen Aufbau, der neokubistisch inspiriert ist.

Renzo Piano, Auditorium

Lange Zeit fehlte Rom ein passender Sitz für Veranstaltungen klassischer Musik. Dieser Mangel wurde durch die 1994 initiierte Erbauung des neuen Auditoriums behoben. Es gehört seitdem zu den bedeutendsten in der Welt. Bei dem Architekturwettbewerb ging Renzo Piano mit seinem Projekt als Sieger hervor. Die Arbeiten konnten 2002 abgeschlossen werden. Der Ort, den man ausgesucht hatte, befindet sich in einer Ebene, die sich zwischen den Ufern des Tiber, den Parioli-Hügeln, dem Olympischen Dorf (1960), dem Sportpalast und dem Flaminio-Stadium (von Pierluigi Nervi) erstreckt. Ein derart abgelegener Ort hat den Vorteil, dass der große Zustrom von Zuschauern besser gehandhabt werden kann. Außerdem war diese Stelle lange Zeit eine Art „Loch" im Stadtgebiet gewesen. „Das schönste Abenteuer für einen Architekten ist es, einen Konzertsaal zu bauen. Es mag sein, dass es für einen Geigenbauer noch schöner ist, eine Violine zu schaffen, aber (bei allem Respekt für die Dimensionen und den Gebrauch) die beiden Tätigkeiten sind schon sehr ähnlich. Im Grunde handelt es sich stets darum, Instrumente zu schaffen, die Musik hervorbringen, oder Musik zu hören. Es ist der Klang, der alles befiehlt. Es ist der Klangkörper, den man mit seinen Frequenzen und seiner Energie in Schwingung versetzen können muss." So kommentiert es Renzo Piano, dessen Arbeit vor allem auf die Definition einer neuen Räumlichkeit abzielt. Er bezieht sich auf den ständigen Zusammenhang zwischen Mensch und Natur, seinem natürlichen Lebensraum, mit seinen Regeln und den Materialien, welche Teil der Geschichte und der Kultur des Menschen sind. Das Auditorium in Rom ist nicht nur ein Auditorium, sondern eine richtig gehende Stadt der Musik. Drei verschiedene Gebäude, mit unterschiedlichem Fassungsvermögen, um einen Brennpunkt in Form eines vierten, eines Freilufttheaters herum angelegt, als lebenswertem Raum. Auf der Abdeckung des Komplexes erstreckt sich über 38 000 Quadratmeter ein Hängegarten.

Richard Meir, Dives misericordioso

Drei weiße Segel, die geheimnisvoll wie die eines Schiffs emporragen, das in einer merkwürdigen, aus anonymen Wohnblocks, abgenutzten Straßen und ungepflegten Wiesen bestehenden Wüste gestrandet ist. Aus der Ferne gesehen wirkt die von Richard Meir, dem amerikanischen „Star“ der zeitgenössischen Architektur, entworfene Kirche genau so. Sie steht im Vorstadtviertel Tor Tre Teste, einem Ort, der weit entfernt ist von allen Touristenpfaden. Hier sollte, nach Plänen des Vikariats, die Kirche des Heiligen Jahres entstehen. Das von Papst Johannes Paul II. gewollte religiöse Gebäude wurde 1996 ausgeschrieben. An dem Wettbewerb nahmen so namhafte Architekten wie Tadao Ando, Gunther Behnisch, Santiago Calatrava, Peter Eisenman und Frank O. Gehry teil – alle mit dem Ziel, eine Pfarrkirche zu erbauen, die außer als Gedächtnisstätte an das Heilige Jahr auch der sichtbare Ausdruck für die 1980 vom Papst erlassene Enzyklika „Dives in misericordia“ sein sollte. Als Sieger ging Richard Meir hervor, der bei seinem Projekt einen Ort des Zusammenkommens, der Andacht und der Religiosität zusammenfassen wollte. Er schuf ein Gebäude mit kühnen Formen und aus schneeweißen Materialien, das stark evokativ und symbolisch wirken sollte. An der Basis seiner Inspiration sah der Architekt jüdischen Glaubens den Bezug zu den Formen des italienischen Barock. „Diese Kirche ist mein Meisterwerk. Es war ein einmaliges Unterfangen, ich hatte kein Vorbild, an dem ich mich orientieren konnte.“ So fasste der Architekt seine Arbeit zusammen. Der Stein ist das vorherrschende, von Meir verwendete Material. Weiß und kompakt erstreckt er sich von der Vorhalle, über den Boden, bis hin zu den liturgischen Einrichtungen und den Wandverkleidungen. Das Glas ist das Vehikel für das Licht und gleichzeitig das Bühnenbild, das Innen und Außen miteinander verbindet. Die Großartigkeit und Originalität von Meir waren eine Herausforderung für das italienische Ingenieurwesen. Das einzige, aus der Tradition entsprungene Objekt ist der Christus am Kreuz. Er ist ein Werk aus dem 17. Jahrhundert, wurde aus Holz gearbeitet und dominiert den Innenraum voller Feierlichkeit.

MISERICORDIARUM PATRI DICATUM
A.D MMIII - PONTIFICATUS XXV

Via Appia Antica und das Grab von Cecilia Metella

Die noch heute erstaunlich gut erhaltene und ausgesprochen beeindruckende antike römische Straße liegt im Regionalpark der Appia Antica. Dieses Schutzgebiet wurde 1988 zum Zweck der Erhaltung und Aufwertung dieses unglaublich wichtigen Kulturguts geschaffen. Kürzlich erfolgte Ausgrabungen haben lange Strecken des alten Straßenbelags wieder zu Tage geholt. Entlang der Straße stehen Grabstelen und Monumente von hoher geschichtlicher, landschaftlicher und kultureller Bedeutung. Unter den Monumenten, die sich dort befinden, ist besonders die Grabstätte von Cecilia Metella zu nennen. Auf dem mit Girlanden verzierten Marmorfries liest man folgende Inschrift: Caecilia / Q. Cretici f. / Metella Crassi, was die Verstorbene mit Cecilia Metella identifiziert, der Tochter von Quinto Metello Cretico, dem Konsul im Jahr 69 v. Chr. und Frau von Marcus Linicius Crassus, dem Sohn des berühmten Crassus, dem Zeitgenossen von Caesar und Pompejus. Das Majestätische des Monuments entspricht der gesellschaftlichen Stellung der Frau, der es zu Beginn des Augusteischen Zeitalters gewidmet wurde. Das Mausoleum besteht aus einem quadratischen Sockel aus Beton, der ursprünglich mit Trasvertinstein verkleidet war. Auf ihm ruht ein rundes Tambour, das ebenfalls mit Travertinblöcken bedeckt ist. Die Attika ist derzeit mit mittelalterlichen Zinnen verziert, obwohl sie früher wohl mit einem konisch geformten Erdhügel abschloss, wie das Mausoleum von Augustus, dem Modell, von dem dieses Grab inspiriert wurde.

100

Die Katakomben von Domitilla

Der Untergrund von Rom besteht zum großen Teil aus Tuffstein, einem bröckeligen Material, in das man besonders leicht hinein graben konnte. Schon in der Antike gab es hier unzählige unterirdische Stollen, die man zu unterschiedlichen Zwecken angelegt hatte. Sie waren entweder Wasserverbindungen, Tuffsteinhöhlen, Kryptoportikusse von Villen oder Gräber. Die Christen in Rom fanden hier die einfachste Lösung, um ihre Toten zu beerdigen, was mehr Platz verlangte als die traditionelle Einäscherung, die bis zu Beginn des 2. Jahrhunderts n. Chr. bei den Römern üblich war. Die Katakomben waren die unterirdischen Friedhöfe der Christen und nicht, wie lange Zeit irrtümlich angenommen, Fluchtort vor Verfolgung. Das riesige Tunnelsystem in den Katakomben bot Platz für Tausende von Grabstätten in den Wänden oder im Boden. Die kostbarsten waren die bogenförmigen, bei denen der in den Tuffstein hineingesetzte Sarg mit einer Platte verdeckt und von einem mit Fresken bemalten Bogen verziert wurde. In den Wänden waren mit Backsteinen oder Marmor verschlossene Grabnischen, bei denen ewige Lichter brannten. Der Name des Verstorbenen wurde hier nur selten angebracht. Die Katakomben wurden bis ins 5. Jahrhundert als Friedhof benutzt. Später wurden sie Märtyrerwallfahrtsorte und Ziel der Pilger aus ganz Europa. Im 9. Jahrhundert begann man mit der Überführung der Heiligen aus den primitiven Gräbern in die hinter Stadtmauern geschützten Kirchen. So verschwanden die Eingänge zu den Katakomben nach und nach, bis sie in Vergessenheit gerieten. Erst im 16. Jahrhundert begann Antonio Bosio mit einer systematischen Suche. Die Katakomben von Domitilla, deren Eingang zwischen der Piazza dei Navigatori und dem ersten Teilstück der Via Ardeatina liegt, gehört mit zu den größten unterirdischen Friedhöfen in Rom und wurde auf bereits zuvor dort existierenden Grabstätten angelegt. Das Grundstück, auf dem sie sich befinden, gehörte Flavia Domitilla, der Nichte des Konsuls und römische Adlige, die verwandtschaftlich mit Kaiser Vespasian verbunden war. Der Kaiser schickte Domitilla, da sie Christin war, ins Exil auf die Insel Ponza, wo sie nach langem Martyrium starb,

Christus und die Apostel.
Katakombe von Domitilla.

Il Buon pastore.
Katakombe von Domitilla.

Index